1日1分

読むだけで身につく

老後の お金大全

100

株式会社Money&You
ファイナンシャルプランナー
頼藤太希・高山一恵

自由国民社

はじめに

老後の生活はなんとかなる！

本書を手に取ったのは、老後に漠然としたお金の不安を抱えているからでしょう。

でもご安心ください。**老後の生活はなんとかなります！**

・意外と長く働けるし、その仕事も嫌々ではなく生きがいになる
・年金も割ともらえるし、公的制度や給付金も充実している
・思ったより老後の出費はかからない

少しは安心しましたか？

ただここで、そっとこの本を閉じるのは惜しい。

理由は、**老後はなんとか暮らしていけるものの、豊かな老後、後悔しない老後を送れるかどうかは別物**だからです。

定年前後には、退職金、年金、税金、雇用保険、健康保険など、お金に関わる手続きが山のようにありますが、**よくわからずに、なんとなく行っていると、1000万円以上損する**こともあります。

定年までまだ時間が残っているなら、早くから家計管理を行い、NISAやiDeCoなどを活用して資産形成をしておくことで、老後に使えるお金が増え、老後の選択肢も広がっていきます。

また、せっかく老後のために貯めたお金・増やしたお金も計画的に使っていかないと、宝の持ち腐れです。あの世にお金は持って行けません。

どのような老後の人生を過ごしていきたいのかを「見える化」し、行動していくことが大切です。本書では「タイムバケット」というツールをご紹介しています。

「これでよかった」と思える幸せな人生を歩むためにご活用いただき、行動の一歩に繋げてください。

お金の使い切り方を解説する、「貯金ゼロで死ね」をテーマにした書籍『DIE WITH ZERO』(ビル・パーキンス著/ダイヤモンド社)を、日テレ「カズレーザーと学ぶ。」の中でご紹介させていただく機会があったのですが、放送後、反響が物凄かったのを覚えています。

『DIE WITH ZERO』で特に印象深いのは、**"人生で一番大事な仕事は「思い出づくり」"**と表している点です。

人生の最後に自身の記憶に残るのは「モノ」よりも、様々な経験から得た「思い出」の方が大きいので、経験や思い出に惜しみなくお金を使っていこうと説いています。

本書では、豊かな老後を送るための、お金を増やす方法を数多くご紹介していますが、お金を増やすだけではなく、お金を減らしていくことも心のうちにぜひとどめておいてください。

＊　＊　＊

本書を執筆するにあたり、編集をご担当いただいた自由国民社の三田智朗さんには心から感謝いたします。また、素敵なイラストを制作いただいた「イラスト書道家」の和全さん、執筆サポートをしてくれた畠山憲一さんには心から感謝いたします。いつも私を支えてくれている株式会社Money&Youのメンバー、仕事仲間、家族、友人、知人、お客様、そして読者の皆様にもこの場を借りてお礼を申し上げます。

本書が、皆様のお役に立つことを心より願っています。

2023年12月吉日　頼藤 太希・高山 一恵

50～100歳にかかる 人生のお金マップ

50歳

子ども関連費用

子どもが成人・独立していない場合、まだまだお金がかかる

子の大学費用（4年間）

- 国立… 243万円
- 私立文系… 408万円
- 私立理系… 551万円

子の結婚援助金

- 平均181万円

戸建てのリフォーム予算

- 平均485万円

80歳

介護サービス費

介護サービスや老人ホームを検討。死亡後も考え、葬儀費用も用意したい

外来の医療費負担

- 70～74歳… 2割負担
- 75歳以上… 1割負担
（現役並み所得者は3割）

介護保険利用限度額（月額）

- 5～36万円
（要介護度により異なる）

老人ホーム（介護付き有料老人ホーム）

- 入居金・敷金… 0～数千万円
- 月額費用… 10～50万円

50～100歳までにかかる主なお金や、
もらえるお金の金額の目安を紹介します

60歳

定年退職・年金

退職金は多額でも再就職・再雇用は給与減。年金はもらう時期で金額が変わる

退職金

- 大卒… 1,896万円
- 高卒… 1,682万円

（管理・事務・技術職）

年金（65歳から・月額）

- 国民年金（満額）… 6万5,075円
- 厚生年金（国民年金含む平均）… 14万3,965円

70歳

医療費・リフォーム費

入院・介護の可能性が高まる。バリアフリー化などリフォームが必要なことも

再就職・再雇用

- 年金＋給与＝48万円以上で年金がカットされる

90歳

100歳

葬儀費用

- 110万円

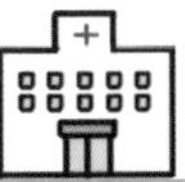

高額療養費の自己負担限度額

- 外来（個人ごと）… 1万8,000円

老後にお金のことで
困らないようにするために
知っておくべきこと・やるべきことを
具体的に解説します！

50代・60代に関わる お金の手続きリスト

時期	50代	定年退職前後
家計・生活	●老後に必要なお金を計算 ●生活費の節約	
働き方	●いつまで、どう働くかを考える	【働き方に合わせて】 ●再雇用・再就職の契約 ●失業手当・給付金の手続き
退職金	●退職金がいくらかを確認 ●退職金をどう受け取るか検討	●退職金よりiDeCoを先に受け取る
資産運用	●NISAやiDeCoを活用する	
年金	●ねんきん定期便やねんきんネットで将来の年金額をチェック	●国民年金の未納期間があるなら任意加入で減らす

詳しい方法は本書ですべて解説しています。

50代・60代はお金のかかわる手続きが目白押し。
もれなく手続きして損することのないようにしましょう！

65歳ごろまで	65歳以降
●現在の収入・支出の見直し ●定年後の収入・支出の確認、ダウンサイジング	●公的制度を活用して医療・介護の負担を減らす検討
●失業手当の活用 ●公共職業訓練の活用	●再就職するなら高年齢求職者給付金を活用
●退職金を受け取る ●退職金の運用を検討	60歳、定年を過ぎても働く人はたくさんいます！
●NISAやiDeCoの資産の取り崩し方を考える	●資産の取り崩しを「定率」➡「定額」で行う
●年金の繰り下げ受給でもらえる金額を増やす	●年金の受給時期が来たら手続きして年金を受け取る

老後のお金の準備を早速始めましょう！➡

1日1分 読むだけで身につく
老後のお金大全100

もくじ

第1章

第2章

第3章

1分でわかる! 退職金の基本

第4章

1分でわかる! 老後の資産運用の基本

第5章

第6章

1分でわかる！老後の生活・節約の基本 …… 169

第7章

1分でわかる！老後の働き方の基本 …… 197

本書の使い方

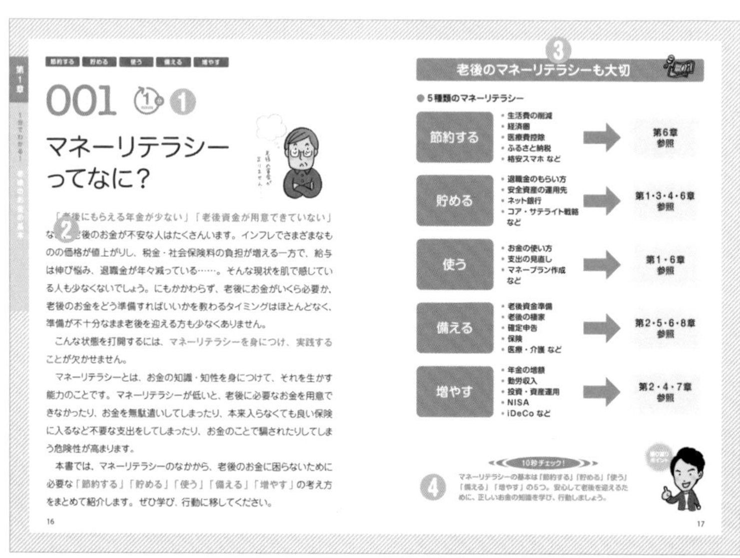

節約する　貯める　使う　備える　増やす

第1章　1分でわかる！　老後のお金の基本

001 ①

マネーリテラシーってなに？

「老後にもらえる年金が少ない」「老後資金が用意できていない」など、老後のお金が不安な人はたくさんいます。インフレでさまざまなものの価格が値上がりし、税金・社会保険料の負担が増える一方で、給与は伸び悩み、退職金が年々減っている……。そんな現状を肌で感じている人も少なくないでしょう。にもかかわらず、老後にお金がいくら必要か、老後のお金をどう準備すればいいかを教わるタイミングはほとんどなく、準備が不十分なまま老後を迎える方も少なくありません。 ②

こんな状態を打開するには、マネーリテラシーを身につけ、実践することが欠かせません。

マネーリテラシーとは、お金の知識・知性を身につけて、それを生かす能力のことです。マネーリテラシーが低いと、老後に必要なお金を用意できなかったり、お金を無駄遣いしてしまったり、本来入らなくても良い保険に入るなど不要な支出をしてしまったり、お金のことで騙されたりしてしまう危険性が高まります。

本書では、マネーリテラシーのなかから、老後のお金に困らないために必要な「節約する」「貯める」「使う」「備える」「増やす」の考え方をまとめて紹介します。ぜひ学び、行動に移してください。

16

③

老後のマネーリテラシーも大切

● 5種類のマネーリテラシー

節約する	・生活費の削減 ・経済圏 ・医療費控除 ・ふるさと納税 ・格安スマホ など	第6章参照
貯める	・退職金のもらい方 ・安全資産の運用先 ・ネット銀行 ・コア・サテライト戦略 など	第1・3・4・6章参照
使う	・お金の使い方 ・支出の見直し ・マネープラン作成 など	第1・6章参照
備える	・老後資金準備 ・老後の住まい ・確定申告 ・保険 ・医療・介護 など	第2・5・6・8章参照
増やす	・年金の増額 ・勤労収入 ・投資・資産運用 ・NISA ・iDeCo など	第2・4・7章参照

10秒チェック！

④ マネーリテラシーの基本は「節約する」「貯める」「使う」「備える」「増やす」の5つ。安心して老後を迎えるために、正しいお金の知識を学び、行動しましょう。

17

⑤

老後のお金に関するコラム

その1

生活保護はそんなに簡単に受けられないって本当？

生活保護とは、生活に困った人が憲法に定められている「健康で文化的な最低限度の生活」を送れるように援助する制度のことです。生活保護を受けると、生活を営むうえで必要な各種費用が支給されます。厚生労働省「生活保護の被保護者調査」（令和5年7月分概数）によると、生活保護を受けている人の数はおよそ202万人、165万世帯にのぼっています。そのうち、高齢者世帯は約91万世帯で、高齢単身世帯が約84万世帯を占めています。

よく、「年金よりも生活保護をもらったほうがいい」などと言われることがあります。確かに、生活保護を受ければ最低限度の生活が保障されますし、税金、社会保険料、医療費、NHK受信料などの減免が受けられます。

しかし、生活保護はそんなに簡単には受けられるものではありません。

生活保護を受けるには、生活に使っていない土地や家屋などの資産、生命保険や貴金属などの財産を売却し、生活費に充てる必要があります。そのうえ、働くことができるならば働かなければなりません。さらに、年金や手当などが受けられる場合は、それを先に活用することが求められます。そして、家族や親戚からの援助が受けられるなら、その援助に頼る必要があります。ここまでして、世帯収入が最低生活費に満たない場合に、はじめて生活保護が適用されるのです。

また、生活保護を受けることになった場合、家族や親戚には生活保護を受けることが知られてしまいます。そのうえ、収入申告書を提出する必要や、ケースワーカーによる訪問調査を受ける必要などもあります。生活においても、ローンが組めなかったり、クレジットカードが作れなかったりするデメリットもあります。

生活保護がどうしても必要な方は、迷わず制度を活用すべきです。しかし、そうでないのであれば、安易に生活保護を受けると考えるのは禁物です。高齢になってから生活に困らないよう、準備していきましょう。

34

本書は老後のお金にまつわる情報を100項目厳選して掲載しています。最初から通して読んでも、気になる項目を拾い読みしてもかまいません。繰り返し目を通すことで、知識の向上にお役立て下さい。

1. 100項目の通しナンバーです。
2. 老後のお金に関する情報の解説です。忙しい人のために「1分」でわかりやすくエッセンスを紹介しています。
3. さらにわかりやすく図版やイラストを使って説明しています。楽しみながら読んでください。
4. 各項目の要点やプラスアルファの情報をまとめています。素早くポイントを掴みたいときに読んでください。
5. 各章末にコラムを入れました。息抜きの読み物としてお楽しみください。

第1章

1分でわかる！
老後のお金の基本

かつて「老後資金2,000万円問題」が話題となり、公的年金だけでは老後の生活ができないという不安がたちまち国民に広まりました。この章では、そんな不安を解消するために必要な状況の整理と、的確なマネープランを策定するためのマネーリテラシーの重要性について解説します。

節約する　貯める　使う　備える　増やす

001 1分 minute

マネーリテラシーってなに？

「老後にもらえる年金が少ない」「老後資金が用意できていない」など、老後のお金が不安な人はたくさんいます。インフレでさまざまなものの価格が値上がりし、税金・社会保険料の負担が増える一方で、給与は伸び悩み、退職金が年々減っている……。そんな現状を肌で感じている人も少なくないでしょう。にもかかわらず、老後にお金がいくら必要か、老後のお金をどう準備すればいいかを教わるタイミングはほとんどなく、準備が不十分なまま老後を迎える方も少なくありません。

こんな状態を打開するには、**マネーリテラシーを身につけ、実践すること**が欠かせません。

マネーリテラシーとは、お金の知識・知性を身につけて、それを生かす能力のことです。マネーリテラシーが低いと、老後に必要なお金を用意できなかったり、お金を無駄遣いしてしまったり、本来入らなくても良い保険に入るなど不要な支出をしてしまったり、お金のことで騙されたりしてしまう危険性が高まります。

本書では、マネーリテラシーのなかから、老後のお金に困らないために必要な「**節約する**」「**貯める**」「**使う**」「**備える**」「**増やす**」の考え方をまとめて紹介します。ぜひ学び、行動に移してください。

老後のマネーリテラシーも大切

● 5種類のマネーリテラシー

節約する
- 生活費の削減
- 経済圏
- 医療費控除
- ふるさと納税
- 格安スマホ など

第6章
参照

貯める
- 退職金のもらい方
- 安全資産の運用先
- ネット銀行
- コア・サテライト戦略
など

第1・3・4・6章
参照

使う
- お金の使い方
- 支出の見直し
- マネープラン作成
など

第1・6章
参照

備える
- 老後資金準備
- 老後の棲家
- 確定申告
- 保険
- 医療・介護 など

第2・5・6・8章
参照

増やす
- 年金の増額
- 勤労収入
- 投資・資産運用
- NISA
- iDeCo など

第2・4・7章
参照

10秒チェック！

マネーリテラシーの基本は「節約する」「貯める」「使う」「備える」「増やす」の5つ。安心して老後を迎えるために、正しいお金の知識を学び、行動しましょう。

貯める 使う

002 1分 minute

老後資金2,000万円問題がよくわからない

かつて「老後資金2,000万円問題」が大きな話題になり、連日世間を賑わせていました。詳細がよくわからなくても、漠然と**「老後の資金は2,000万円足りない」**と思っている方がいるかもしれません。

老後資金2,000万円問題の発端は、2019年6月に金融庁が発表した報告書で、「老後資金は公的年金だけでは約2,000万円足りない」と指摘したこと。夫婦世帯の場合、**老後は生活費が毎月5.5万円不足するため**、仮に**老後が30年あったら約2,000万円が不足する**……というのが、その計算の根拠でした。

ただ、「毎月5.5万円不足」の根拠となるデータは、**2017年の家計調査**です。家計調査の数字は年ごとに変わりますし、所詮平均データ、人によって必要な金額は異なります。さらにいえば、持っている貯蓄額やいつまで生きるかによっても大きく変わってきます。

ですから、「2,000万円」という額面にあまり固執せずに、**自分の必要な金額を見極め、その金額を用意するにはどうすればいいかを考える**ことが重要です。

老後2,000万円問題の根拠とは？（2017年の家計調査報告）

● 高齢無職世帯（夫婦）の1か月の収入と支出の平均

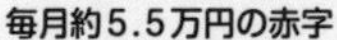

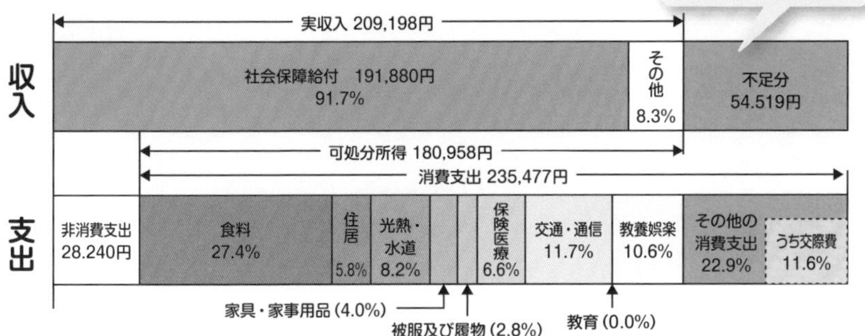

● 高齢無職世帯（単身）の1か月の収入と支出の平均

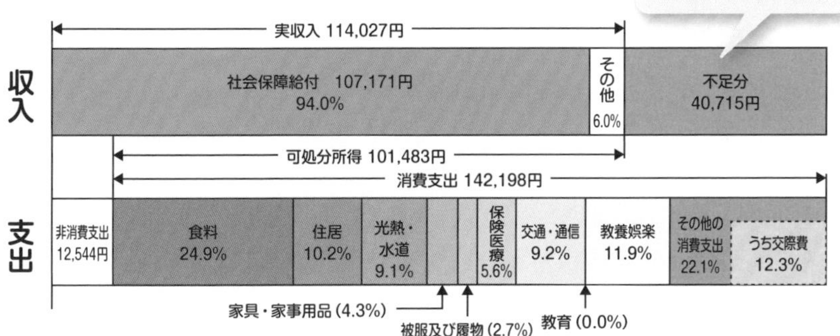

家計赤字が30年間、仮に続いた場合

- 夫婦の場合：5.5万円×12か月×30年＝1,980万円不足
- 単身の場合：4.1万円×12か月×30年＝1,476万円不足

年金受取開始年齢の65歳までに、
1,500～2,000万円が必要

（出典：総務省「家計調査報告」（2017年））

「老後資金2,000万円不足」はあくまで2017年時点の話。統計データを鵜呑みにする必要はありません！

貯める　使う

003 1分 minute

「ゆとり」を考えると
2千万円どころじゃ
ないわけね

老後は、毎月どのくらいお金が必要になる？

総務省の2022年のデータによると、65歳以上の高齢夫婦無職世帯の1か月の平均収入はおよそ24.6万円なのに対し、平均支出は26.8万円。毎月の生活で、**約2万2,000円の赤字**です。同様に、65歳以上の高齢単身無職世帯の1か月の平均収入は約13.5万円、平均支出は約15.6万円で、**毎月約2万円の赤字**が生じる結果となっています。**2017年と比べると随分収支が改善している**のがわかります。

なお、住居費には住宅ローン返済額は含まれません。とはいえ、60代前半の平均返済額は月約2万円、60代後半は月約1.1万円、70代以降は返済している人はほとんどいません。持ち家ではなく、**賃貸住まいの人はお金がもっとかかる**点には注意です。

また、生命保険文化センター「生活保障に関する調査」（2022年版）によると、夫婦2人で老後生活を送る最低日常生活費の平均は月額23.2万円。これに、「老後のゆとりのための上乗せ額」を加えた**「ゆとりある老後生活費」の平均額は37.9万円**となっています。あくまでアンケートの結果ではありますが、ゆとりある老後を送るためには、日常生活費に加えて**月15万円程の上乗せ**があった方が良いということです。

高齢世帯の収入と支出（2022年の家計調査報告）

● 高齢無職世帯（夫婦）の1か月の収入と支出の平均

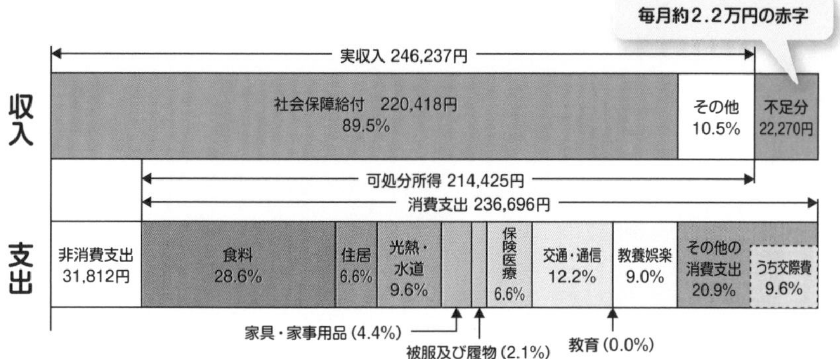

（出典：総務省「家計調査報告」（2022年））

● 高齢無職世帯（単身）の1か月の収入と支出の平均

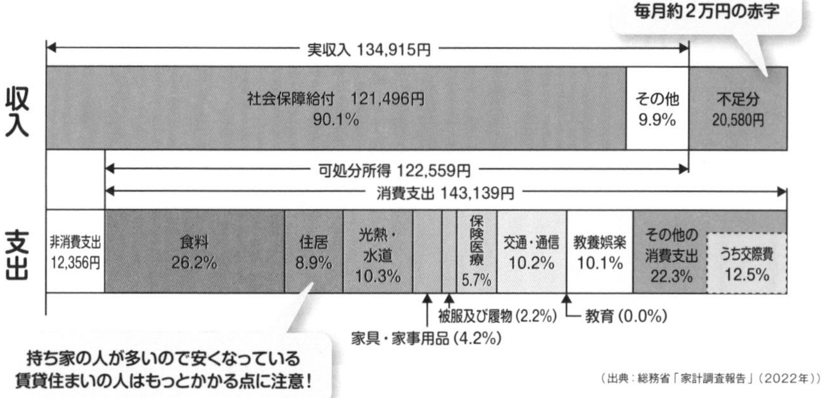

（出典：総務省「家計調査報告」（2022年））

「老後資金2,000万円」の頃よりも赤字は減っているものの、住居費の扱いには要注意。ゆとりある老後への上乗せは年180万円必要な計算です。

貯める

004 1分 minute

老後に必要なお金はどうやって計算すればいい？

前項で紹介した統計データは毎年変わりますし、あくまで平均的な生活のデータ、つまり他人のデータでしかありません。大事なのは、**自分にとって老後資金がいくら必要なのか**をはっきりさせることです。そこで、自分の老後に必要なお金を大まかに見積もってみましょう。

総務省「家計調査」（2022年）によると、70歳以上の夫婦世帯の生活費は現役世代（50～59歳）の生活費の65.9%となっていますが、**教育費がかからなくなる**ことが主要因です。**現在の生活費の約7割**としてみましょう。これを12倍することで、老後の年間の生活費がわかります。

老後は仕事をやめても年金がもらえます。もらえる年金額の詳細については第2章で扱いますが、公的年金や企業年金など合わせて年間にもらえる金額をまとめておきましょう。

老後の年間の生活費から老後の年金額を差し引き、不足がある場合は**「不足額×老後の年数」が、最低限必要な老後資金**となります。

また、家計調査には「もしも」に備えるお金が含まれていません。仮に医療費・介護費を1人500万円と見込むと、**夫婦世帯は1,000万円、単身世帯は500万円の上乗せ**をしておきたいところ。これを合計すると、自分に必要な老後資金がわかります。

用意しておきたい老後資金額は？

● 用意したい老後資金の計算式

現在（現役時代）の年間支出　　　　　　　　円　×0.7

＝老後の年間支出　　　　　　　　円　❶

（「家計調査」によると、70代の生活費は50代の約7割になっているのが根拠）

老後の年数は30年などで
見積もってみましょう

老後の年金額　　　　　　　　円　❷（年金額は第2章で詳しく紹介します）

（❶－❷）　　　　　　　　円　× 老後の年数　　　　　　年

＝最低限必要な老後資金　　　　　　　　円　❸

❸＋医療費・介護費（夫婦なら1,000万円・シングルなら500万円）

＝用意しておきたい老後資金額　　　　　　　　円

● ゆとりある老後のための上乗せ額

もし上の❶－❷で不足が出なかったとしても、
医療費・介護費の用意は必要です。
また、ゆとりある老後を送りたいならば、
上乗せでお金を用意しておきたいところ

最低日常生活費に加えて毎月15万円程の上乗せがあると良い
仮に65歳から75歳までの10年間、月15万円の上乗せを作るとすると、

毎月15万円 × 12か月 × 10年間 ＝ 1,800万円

10秒チェック！

男性の半数は85歳、女性の半数は90歳まで生きる時代です。老後の年数も30年などと、長めに見積もっておくといいでしょう。

振り返り
ポイント

貯める

005 1分 minute

60代はみんなどれくらい貯蓄してる？

金融広報中央委員会が公表している「家計の金融行動に関する世論調査」によれば、60代の夫婦世帯の金融資産保有額の平均値は1,819万円、単身世帯の金融資産保有額の平均値は1,388万円です。ずいぶん多いと思われる方もいるかもしれません。

しかし、この数字はあくまで平均値です。平均値は、一部のお金持ちが大きく引き上げてしまう傾向があります。全体のちょうど真ん中にあたる「中央値」をみると、**夫婦世帯で700万円、単身世帯で300万円**となっています。平均値よりもかなり下がることがわかります。

また、保有する資産額をみると、夫婦世帯では20.8%、単身世帯では28.5%が**金融資産非保有**、つまり**貯蓄がまったくない状態**です。**300万円未満までの世帯**を合計すると**夫婦世帯で35.7%、単身世帯で46.5%**もあります。つまり、多くの世帯は、必要な老後資金が足りていないということになります。

貯蓄額は二極化している

● 60代の貯蓄額（金融資産保有額）

	夫婦世帯	単身世帯
平均値	1,819万円	1,388万円
中央値	700万円	300万円

平均値は
お金持ちが引き上げる！
中央値のほうが
実態に近いでしょう

● 60代世帯の貯蓄額分布

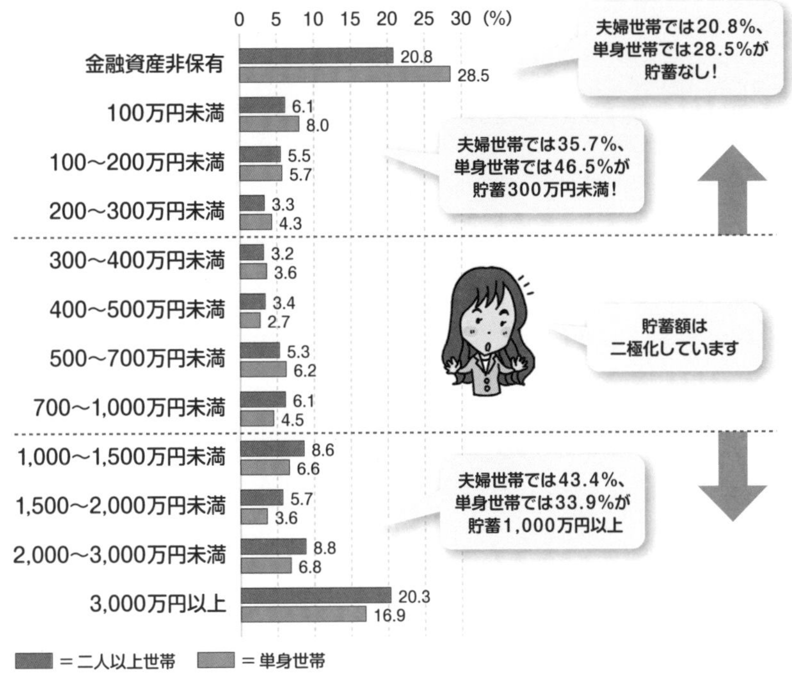

（出典：金融広報中央委員会「家計の金融行動に関する世論調査」（令和４年））

今貯蓄がまったくないからと悲観することはありません。マネーリテラシーを身につけて行動すれば、今からでもお金が貯まるようになります。

貯める 使う

006 1分 minute

50代のマネープランはどうして重要？

「人生100年時代」において、**50代は折り返し**。人生の後半を充実させるためにも、老後に起こりうるイベントとそれにかかる費用を想定してみましょう。

50代も後半になれば、定年退職がみえてきます。しかし、今は定年退職で仕事を引退する人は少数派。**定年後の働き方や、いつまで働くのか**を考えます。老後の収入や支出がどのくらいか、退職金や年金がいくらもらえるのか、さらに、年金をもらうまでにいくら老後資金が必要なのか、それを用意する方法についても検討しておきたいところです。

年金は原則65歳からもらえますが、希望すれば**60歳から75歳の間**でもらい始めることができます。いつからもらうかで金額も変わるので、慎重に考えて決める必要があります。また、資産運用で築いてきた資産をどのように使っていくのか、**出口戦略を考えておくこと**も重要です。

介護も発生するかもしれません。親、あるいは自分や配偶者の**介護が必要になったらどうするのか、想定しておく必要**があります。用意されている医療制度や介護サービスも確認しておきましょう。

50代以降に起こりうること・想定しておくべきこと

50代のうちに人生の後半に起こりうるイベントと、
それにかかる費用を想定しておきましょう

55～60歳

役職定年で給与減

定年

- 定年後の働き方、いつまで働くのか
- 退職後にもらえるお金
- 年金の金額、いつから受け取るのか
- 老後の支出の見積もり
- 生命保険・医療保険の見直し

60～70歳

再雇用・再就職

年金受給開始

- 退職金の受け取り方・運用方法
- 年金の請求手続き・加給年金
- 公共職業訓練の利用
- 親の介護をどうするか
- 親からの相続財産の確認

70歳以降

自分や配偶者の介護

子や孫への相続

- 資産運用の出口戦略
- 老後の住まい・老人ホーム
- 75歳以降の医療制度の確認
- 介護サービスの確認
- 自身の終活

10秒チェック！

定年前後は、お金に関わることがたくさん変わる時期です。 やることも多くて大変ですが、ひとつずつ取り組んでいきましょう。

007 1分 minute

老後のマネープランはどう作ればいい？

具体的な数字にすると目標にしやすいね！

たとえば、老後の毎年の収入が240万円、必要な支出が300万円だとします。この場合、老後の赤字は毎年60万円です。さらに、それが65歳から95歳までの30年続いたとすると、不足金額は合計1,800万円です。老後のマネープランを作ることとは、**この1,800万円をどのように用意するか具体的に考えることです**。

支出を減らせば、その分豊かな老後からは外れてしまいますが、用意するお金を減らすことにつながります。

収入を増やせば、老後の赤字減、黒字化が見込めます。**年金を増やしたり、資産運用の資産を取り崩したりする方法**が考えられます。

65歳といわず、70歳、75歳……と働き続けることができれば、老後資金を用意すべき年数が減らせます。

そして、不足する老後資金を事前に準備する方法もあります。**早くから貯蓄や投資をしてお金を用意**していけば、老後資金をまかなえるでしょう。

さまざまな方法を利用して、老後不足するお金を用意していきましょう。

最低限必要な老後資金の準備方法

● 老後資金の算出例

例）老後の毎年の収入が240万円、支出が300万円、
65歳〜95歳までの30年間続く場合に必要な老後資金

❶ ❷

（ 収入 240万円 ー 支出 300万円 ）

収入を増やす

- 厚生年金に加入して70歳まで働く（➡P78）
- 年金を繰り下げ受給する（➡P52）
- 運用してきた資産を取り崩す（➡P146、148）など

支出を減らす

豊かな老後からは外れてしまうが、不足する老後資金を減らす手段のひとつ（➡第6章）

❸ ❹

× 30年 ＝ 1,800万円

長く働く

65歳以降も働くことで給与収入があれば、老後資金を用意すべき年数が減らせる（➡ 第7章）

事前に準備する

貯蓄・投資・NISA・iDeCoなどを利用して用意しておく（➡第4章）

※このほか、医療費・介護費として1人あたり500万円は用意しておきたい。

10秒チェック！

老後のマネープランとは、不足する老後資金を用意する方法を具体的に考えることです。自分にできる方法を取り入れていきましょう。

貯める　使う

008 1分 minute

タイムバケットでやりたいことを「見える化」しよう！

長い老後に備えて、お金を用意することは大切ですが、人生に大切なのはお金だけではありません。どのように生きるかも大切です。もしもお金に困らなくても、**「やりたいことがない」のは寂しいもの**です。それに、お金をたくさん残して亡くなることは、その**お金を使うことで得られるはずだった経験をせずに亡くなる**ことと同じです。

人生をより充実させるために、**「タイムバケット」**というツールを利用して、いつ何をしたいのかを考えてみましょう。

タイムバケットは、いうなれば**「死ぬまでにやりたいことリスト」**を年齢ごとに振り分けたものです。図のように、現在をスタート、予想される人生最期の日をゴールとし、その間を５年、10年で区切ります。そして、**その区切り（時間のバケツ＝タイムバケット）に、やりたいこと、起こりうる大きなイベントを入れていきます**。

実際に作ってみると、自由な時間があるからできること、健康だから楽しめること、お金があるからできることが、それぞれ違うことがわかるでしょう。これからの人生で何をしたいのか、ぜひ考えてみてください。

タイムバケットを作ってみよう！

● タイムバケットとは？

タイムバケット

自分の年齢・年代をバケツに見立てて区切り、
各年代で自分のしたいことをまとめたリスト

● タイムバケットの作成例

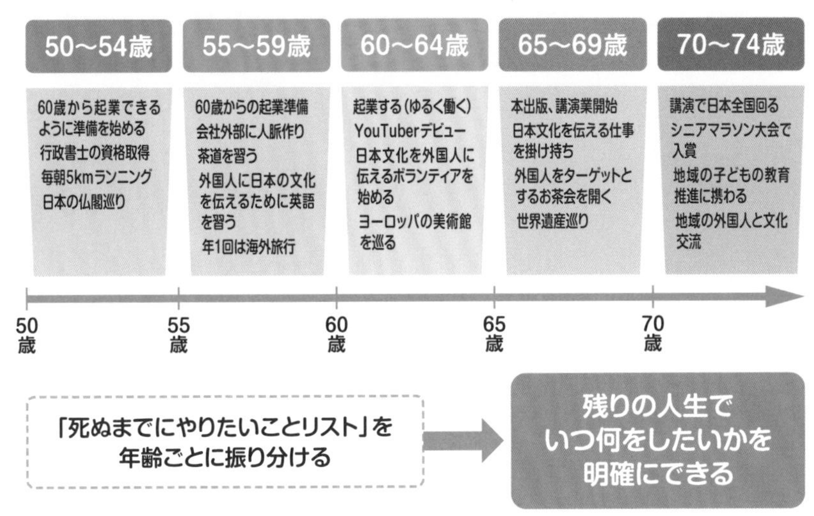

50〜54歳
60歳から起業できるように準備を始める
行政書士の資格取得
毎朝5kmランニング
日本の仏閣巡り
55〜59歳
60歳からの起業準備
会社外部に人脈作り
茶道を習う
外国人に日本の文化を伝えるために英語を習う
年1回は海外旅行
60〜64歳
起業する（ゆるく働く）
YouTuberデビュー
日本文化を外国人に伝えるボランティアを始める
ヨーロッパの美術館を巡る
65〜69歳
本出版、講演業開始
日本文化を伝える仕事を掛け持ち
外国人をターゲットとするお茶会を開く
世界遺産巡り
70〜74歳
講演で日本全国回る
シニアマラソン大会で入賞
地域の子どもの教育推進に携わる
地域の外国人と文化交流
50歳
55歳
60歳
65歳
70歳
「死ぬまでにやりたいことリスト」を年齢ごとに振り分ける
残りの人生でいつ何をしたいかを明確にできる

● タイムバケットを作成するときの留意点

時間　いつまで働くかによって自由な時間が取れる時期が変わってくる

健康　運動や旅行は、健康状態によってできることや旅程が変わってくる

お金　やりたいことにお金がかかるなら、いつまでにいくら用意すればいいのか

タイムバケットを作って、
残りの人生で
いつ、何をしたいかを
明確にしましょう

10秒チェック！

タイムバケットに書いたことが実現できない理由が「お金」なら、その資金を作る準備にさっそく取り掛かりましょう。

貯める　増やす

009 1分 minute

老後を安心して暮らすコア・サテライト戦略ってなに？

老後の資産運用で大切なのは、**お金を減らさずに増やす**ことです。そのために資産運用で取り入れたいのが**コア・サテライト戦略**です。

コア・サテライト戦略は、資産全体を**「コア」と「サテライト」の2つに分けて運用する**投資の戦略です。投資の運用成績は、資産配分で9割が決まります。プロの機関投資家は、お金を減らさずに増やすために、**守りの資産をつくったうえで攻めの投資を行います。**

個人で行う投資も考え方は同じです。**資産の７～９割を占める守りの資産（コア資産）**では預貯金や債券、インデックスファンド・バランスファンドといった比較的リスクの低い資産でお金を堅実・安定的に増やすことを目指します。**残りの１～３割の攻めの資産（サテライト資産）**では、個別株やアクティブファンドといった、リスクの高い資産で利益の積み増しを狙います。資産の分散により、投資先のどれかが値下がりしても損失のダメージを軽減できますし、他の投資先の値上がりでカバーする期待もできます。

守りのコア資産と攻めのサテライト資産を組み合わせて、お金を減らさずに増やすことを目指しましょう。

守りながら攻めることで着実に資産形成する

● コア・サテライト戦略

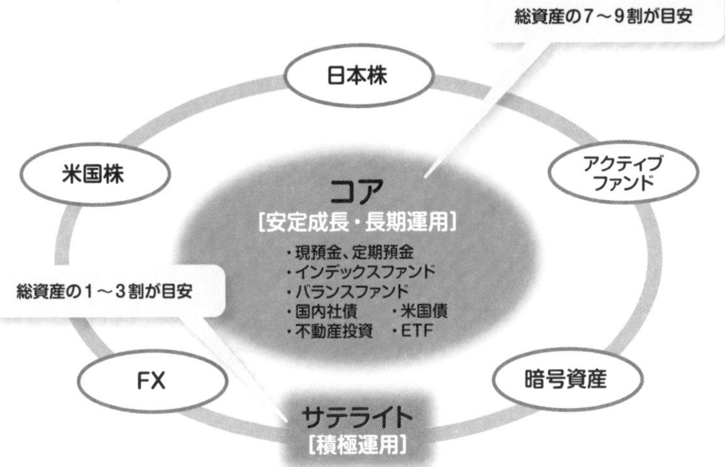

● コアとサテライトで役割が異なる

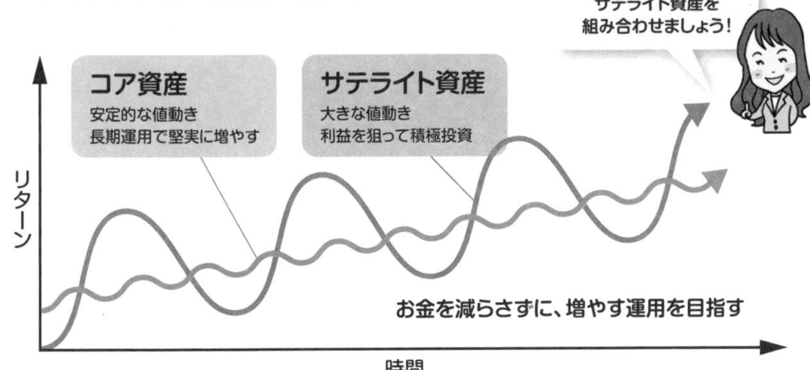

10秒チェック！

投資というと「どの銘柄に投資しようか」と、具体的な商品が注目されがちですが、大切なのはどの資産にいくら投資するかという「資産配分」です。

その1

生活保護はそんなに簡単に受けられないって本当？

生活保護とは、生活に困った人が憲法に定められている「健康で文化的な最低限度の生活」を送れるように援助する制度のことです。生活保護を受けると、生活を営むうえで必要な各種費用が支給されます。厚生労働省「生活保護の被保護者調査」（令和5年7月分概数）によると、生活保護を受けている人の数はおよそ202万人、165万世帯にのぼっています。そのうち、高齢者世帯は約91万世帯で、高齢単身世帯が約84万世帯を占めています。

よく、「年金よりも生活保護をもらったほうがいい」などと言われることがあります。確かに、生活保護を受ければ最低限度の生活が保障されますし、税金、社会保険料、医療費、NHK受信料などの減免が受けられます。

しかし、生活保護はそんなに簡単には受けられるものではありません。

生活保護を受けるには、生活に使っていない土地や家屋などの資産、生命保険や貴金属などの財産を売却し、生活費に充てる必要があります。そのうえ、働くことができるならば働かなければなりません。さらに、年金や手当などが受けられる場合は、それを先に活用することが求められます。そして、家族や親戚からの援助が受けられるなら、その援助に頼る必要があります。ここまでして、世帯収入が最低生活費に満たない場合に、はじめて生活保護が適用されるのです。

また、生活保護を受けることになった場合、家族や親戚には生活保護を受けることが知られてしまいます。そのうえ、収入申告書を提出する必要や、ケースワーカーによる訪問調査を受ける必要などもあります。生活においても、ローンが組めなかったり、クレジットカードが作れなかったりするデメリットもあります。

生活保護がどうしても必要な方は、迷わず制度を活用すべきです。しかし、そうでないのであれば、安易に生活保護を受けると考えるのは禁物です。高齢になってから生活に困らないよう、準備していきましょう。

第2章

1分でわかる！
年金の基本

老後資金の基本となる年金。その人の働き方や所属などによって年金の種類は変わり、また受給を開始する年齢により受け取る金額も大きく変わります。この章では、自分が受け取ることができる年金を正確に把握し、複雑な制度を理解したうえでなるべく有利な条件で年金を受け取る方法について解説します。

備える　増やす

010 1分 minute

そもそも年金はどうやってもらえばいいの？

年金は原則65歳からもらえます。65歳からもらう場合、65歳になる3か月前に、日本年金機構から**「年金請求書」**や**「老齢年金のお知らせ」**などの書類が自宅に届くので、必要事項を記入します。また、あらかじめ氏名・住所・基礎年金番号・年金記録などが印字されているので、間違いがないか確認しましょう。

そして、65歳の誕生日以降に必要書類を添付して提出します。必要書類は人により異なりますので、年金事務所に確認しましょう。

提出後、1～2か月すると、**「年金証書」「年金決定通知書」**が届きます。そして、**偶数月の15日に、2か月分の年金**が振り込まれます。

年金の受け取りを早める繰り上げ受給をする場合は、お住まいの近くにある年金事務所や年金相談センターに**「支給繰上げ請求書」**を提出します。

年金の受け取りを遅らせる繰り下げをする場合は、**66歳以降の受け取りを希望する時期になったら**手続きを行います。「年金を繰り下げます」と事前に申請をするわけではないので、注意しましょう。

年金をもらうまでの流れ

● 年金の手続き

①日本年金機構から書類が届く

- 年金請求書
- 老齢年金のお知らせ など

65歳になる
3か月ほど前に届きます

②年金請求書に必要事項を書く

- 印字されている内容に誤りがないかチェック
- その他必要事項を記載

③必要書類を用意し、年金請求書とともに提出

- すべての期間が国民年金の場合
  ➡ 市区町村の国民年金窓口
- 厚生年金も受け取る場合・国民年金の第３号被保険者
  ➡ 年金事務所または年金相談センター

④年金証書・年金決定通知書が届く

今後もらえる年金額や
年金額の計算の根拠などが書かれています

⑤年金の振り込みがスタート

年金は偶数月の15日に２か月分まとめて振り込まれます。
もらえる年金は支払い月の前月までの２か月分。
たとえば、6月15日に振り込まれる年金は4月・5月の分です

10秒チェック！

年金の繰り下げをする場合、65歳時点での手続きは不要ですが、国民年金・厚生年金の片方だけを繰り下げるときには、年金請求書の「老齢基礎年金のみ繰下げ」「老齢厚生年金のみ繰下げ」の希望欄に○をつけて返送します。

備える　増やす

011

転職などで無職の期間がある人は要注意です！

国民年金未納期間があった場合はどうすればいい？

国民年金保険料は20歳から60歳までの40年間にわたって支払う義務があります。会社員・公務員は、給与から天引きされる厚生年金保険料と一緒に国民年金保険料を支払っていますが、**自営業者・フリーランス・無職の方**などは、自分で国民年金保険料を払う必要があります。

国民年金保険料の支払いが厳しい場合は、条件を満たせば手続きをすることで**保険料支払いの免除・猶予**を受けることができます。免除や猶予を受けた月の保険料は、**10年以内ならばあとから納付**（追納）することで、本来保険料を納めた場合と同じ金額の国民年金がもらえます。ただし、3～10年前の保険料の追納には月数十円～数百円の加算があるので、できれば**2年以内**に追納しましょう。

免除や猶予を受けていない場合、追納できるのは2年以内です。この場合も追納すれば本来と同じ金額の国民年金がもらえます。

しかし、10年（2年）が経過している場合は、追納はできません。仮に1年未納があれば、65歳からもらえる年金額は年約2万円減ります。

これを防ぐ制度として、**国民年金の任意加入**があります。60歳以上65歳未満の方が自分で国民年金保険料を支払うことで、国民年金の加入期間を増やせます。加入期間は、**最長480か月**です。

国民年金保険料の未納期間をなくす追納

● 追納とは？

追納

未納なら2年、免除・猶予を受けている場合は
10年以内なら国民年金保険料を納められる

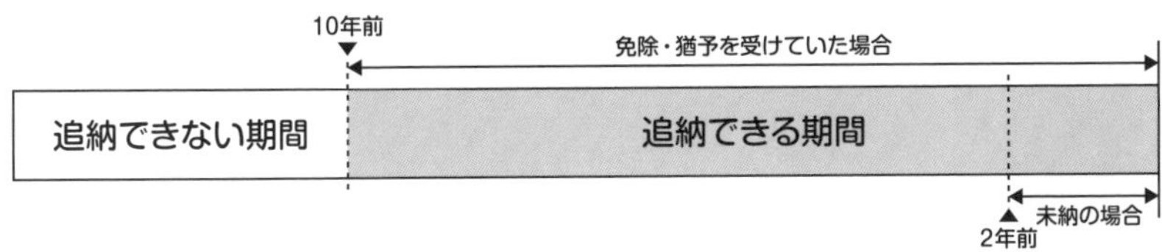

学生時代に保険料を猶予してもらう「学生納付特例制度」も
10年以内に追納しないと未納扱いになります！
支払いが難しい場合は免除・猶予の申請をしましょう

● 国民年金「任意加入」ができる条件

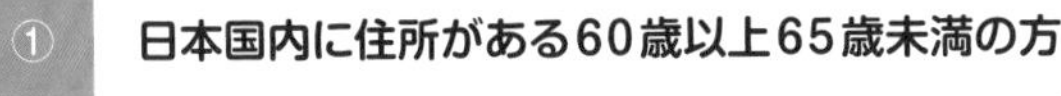

未納が5年減れば
年金額は10万円近く増えます

①～⑤のすべてを満たす方が任意加入可能

①	日本国内に住所がある60歳以上65歳未満の方
②	老齢基礎年金の繰り上げ支給をしていない方
③	20歳以上60歳未満までの保険料の納付月数が480か月（40年）未満の方
④	厚生年金保険、共済組合等に加入していない方
⑤	日本国籍がなく、在留資格が「特定活動（医療滞在または医療滞在者の付添人）」や「特定活動（観光・保養等を目的とする長期滞在または長期滞在者の同行配偶者）」で滞在する方以外の方

※このほか、年金の受給資格期間を満たしていない65歳以上70歳未満の方や外国に居住する20歳以上65歳未満の日本人も加入可能

将来の年金額を多くするためには、未納の期間をなくすことが大切です。年約20万円の保険料を払うことで年金額が年約2万円増えるので、10年ほどで元がとれます。

備える　増やす

012 1分 minute

年金にはどんな種類がある？「公的年金」「企業年金」「私的年金」

国民年金は、20歳から60歳までのすべての人が加入する年金です。20～60歳までの40年間にわたって国民年金保険料を支払えば満額もらえます。

厚生年金は、会社員や公務員が勤務先を通じて加入する年金です。毎月の給料から国民年金・厚生年金の保険料を天引きで支払います。そうすることで、老後には国民年金と厚生年金の両方をもらえます。なお、国民年金から老後にもらえる年金を**老齢基礎年金**、厚生年金から老後にもらえる年金を**老齢厚生年金**といいます。

会社が社員のために年金を用意してくれる**企業年金**には、**確定給付企業年金**（DB）、**厚生年金基金**、**企業型確定拠出年金**（DC）などの制度があります。会社によって、どの企業年金があるかは異なります。

また、自分で公的年金の上乗せを作る**私的年金**には、**iDeCo**（**個人型確定拠出年金**）や**国民年金基金**などがあります。

国民年金では、働き方などによって加入者を３種類に分けています。この種類によって、どの年金に加入できるかが異なります。

日本の主な年金制度

	第1号被保険者	第2号被保険者	第3号被保険者
	自営業者など	会社員・公務員	専業主婦（夫）
私的年金	iDeCo	iDeCo	iDeCo
企業年金		企業型DC	
		確定給付年金	
		年金払い退職給付	
公的年金	国民年金基金		
	付加年金	老齢厚生年金	
	老齢基礎年金	老齢基礎年金	老齢基礎年金

公的年金は国民年金と
厚生年金の２種類！
厚生年金がもらえるのは
会社員・公務員だけです

● 国民年金・厚生年金の平均額

国民年金	
男	59,013円
女	54,346円
全体	56,368円

厚生年金（国民年金含む）	
男	163,380円
女	104,686円
全体	143,965円

（出典：厚生労働省「令和3年度厚生年金保険・国民年金事業の概況」より作成）

公的年金の平均額は、会社員・公務員が月14万円、国民年金しかない自営業や専業主婦（夫）は月5万円台です。

備える

013 1分 minute

年金には どんな種類がある？ 「障害年金」「遺族年金」

年金には いろんな保障も 含まれているんだね

障害年金は病気やケガなどで障害が残ったときに、障害の程度に応じてもらえる年金です。国民年金からもらえる**障害基礎年金**と、厚生年金から受け取れる**障害厚生年金**があります。障害年金を受け取るには、①初診日に国民年金や厚生年金の被保険者であること、②障害認定日に「障害認定基準」を満たしていること、③初診日がある月の前々月までの年金加入期間において、3分の2以上の期間の保険料を納めている（免除されている）ことが必要。もらえる金額は障害の程度（等級）により変わります。

遺族年金は、国民年金や厚生年金に加入していた人が亡くなった場合に、遺族がもらえる年金です。国民年金から受け取れる**遺族基礎年金**と、厚生年金から受け取れる**遺族厚生年金**があります。

障害年金や遺族年金は、もらえる条件を満たしていれば65歳未満であってももらうことができます。なお、障害年金や遺族年金は老齢年金と違って**非課税**で受け取れます。

障害年金・遺族年金、いくらもらえる？

● 障害年金で受け取れる金額

障害の程度

	1級	2級	3級	
厚生年金（2階）	障害厚生年金（1級） 報酬比例の年金額×1.25	障害厚生年金（2級） 報酬比例の年金額	障害厚生年金（3級） 報酬比例の年金額	障害手当金
	配偶者の加給年金	配偶者の加給年金		
国民年金（1階）	障害基礎年金（1級） 99万3,750円	障害基礎年金（2級） 79万5,000円		
	子の加算	子の加算		

障害厚生年金の1級・2級の場合、障害基礎年金も受け取れます

● 夫が亡くなった場合に受け取れる年金は？

夫が死亡 ▼　子が18歳に ▼　妻65歳 ▼

子がいる場合

遺族厚生年金（夫の年収などにより変わる）

遺族基礎年金 （子1人の場合102万3,700円）	中高齢寡婦加算 （59万6,300円）	老齢基礎年金 （満額79万5,000円）

子がいない場合

遺族厚生年金（夫の年収などにより変わる）

中高齢寡婦加算 （59万6,300円）	老齢基礎年金 （満額79万5,000円）

※中高齢寡婦加算……40歳以上65歳で、子がいない、または末子の年齢が18歳到達年度末日を経過している場合に、妻が受け取れる加算額、遺族厚生年金の上乗せとなる。

年金といえば老齢年金のイメージが強いかもしれませんが、障害を負ったときや家族が亡くなったときの保障も備えています。いざというときの保険の役割を果たします。

備える 増やす

014 1分 minute

年金にはどんな種類がある?「加給年金」「振替加算」「特老厚」

加給年金とは、厚生年金に20年以上加入している人が65歳以上になって老齢厚生年金をもらうとき、**65歳未満の配偶者や18歳の年度末を迎えるまでの子を扶養している場合**に支給される年金です。加給年金の金額は、配偶者を扶養している場合は年39万7,500円(特別加算含む)、子は2人目まで年22万8,700円、3人目以降は年7万6,200円です(2023年度)。年度により金額は多少変わりますが、たとえば65歳の夫に5歳年下の妻がいて、妻を扶養している場合、5年間で200万円近くもらえる計算です(年上妻が年下夫を扶養している場合も同様)。

配偶者が65歳になると加給年金は打ち切りになりますが、配偶者が厚生年金加入20年未満の場合、**配偶者の老齢基礎年金に振替加算が付きます**。振替加算の金額は年齢が若くなるほど少なくなり、1966年4月2日生まれ以降はゼロになります。

また、男性1961年4月1日以前生まれ、女性1966年4月1日以前生まれの場合、65歳になる前に**特別支給の老齢厚生年金**(特老厚)が受け取れます。特老厚は繰り下げても金額が増えないため、受給要件を満たしたら受け取るほうがよいのですが、厚生年金に20年以上加入している配偶者が特老厚を受け取る場合は、加給年金は停止されます。

加給年金と振替加算

加給年金で受け取れる金額

加給年金　厚生年金加入20年以上の人が65歳になった時点で、65歳未満の配偶者や18歳未満の子がいる場合に受け取れる年金

対象者	金額（年）	要件
配偶者	39万7,500円 （※22万8,700円+特別加算16万8,800円）	• 65歳未満 • 年収850万円未満（所得655万5,000円未満）
1人目・2人目の子	各22万8,700円	• 18歳到達年度の年度末までの子（1～2級の障害状態にある子は20歳未満）
3人目以降の子	各7万6,200円	

加給年金と振替加算

配偶者が65歳になると加給年金は打ち切りに。
代わりに配偶者の老齢基礎年金に振替加算がつきます

本人（夫または妻）
63歳　65歳　（打ち切り）
加給年金
特老厚（厚生年金加入20年以上）
老齢厚生年金
老齢基礎年金

配偶者（夫または妻）
62歳　65歳
特老厚（厚生年金加入20年未満）
老齢厚生年金
老齢基礎年金
振替加算
加算開始

配偶者が厚生年金に
20年以上加入し、
特老厚をもらう場合は
加給年金が停止

振替加算の対象になるのは
1966年4月1日以前に生まれた人のみ

10秒チェック！

特老厚や振替加算は、年金制度の急激な変更による影響を抑えるための経過措置なので、今後順次終了していきます。

備える 増やす

015 1分 minute

遺された家族のための制度です

要チェック！遺族年金のもらい方のコツ

遺族基礎年金と**遺族厚生年金**では、受給要件が異なります。遺族基礎年金がもらえるのは**「子のある配偶者」または「子」**のみ。遺族厚生年金は**亡くなった人に生計を維持されていた人**で、もっとも優先順位の高い人がもらえます。一般的に長生きなのは女性です。仮に会社員の夫が亡くなった場合、妻がもらえる遺族厚生年金の額は夫が65歳時点でもらえる**老齢厚生年金の４分の３**。しかも妻が老齢厚生年金をもらえる場合、夫の遺族厚生年金は妻の老齢厚生年金との**差額分のみ**で、仮に妻の老齢厚生年金の方が多ければ、夫の遺族厚生年金はもらえません。

これを防いで年金額を増やしたいならば、**妻の老齢基礎年金だけを繰り下げておく**という手があります。仮に妻の老齢基礎年金が65歳時点で約80万円だとした場合、70歳まで繰り下げすれば約113.6万円、75歳まで繰り下げすれば約147.2万円に増えます。老齢基礎年金の金額の多寡は遺族厚生年金の金額に影響しないため、**増額された老齢基礎年金＋夫の遺族厚生年金**を受け取れるというわけです。

共働きの場合は、遺族厚生年金をもらえたとしても少ない金額になってしまうので、遺族厚生年金のことを気にせず、**夫婦どちらも老齢厚生年金の繰り下げ**をしておくことをおすすめします。

遺族年金のもらいかたのコツ

遺族年金がもらえる人は？

【遺族基礎年金】

- 子のある配偶者
- 子（原則18歳年度末まで）

【遺族厚生年金】

遺族基礎年金は子のある場合のみ。
遺族厚生年金は
優先順位の高い人がもらえます

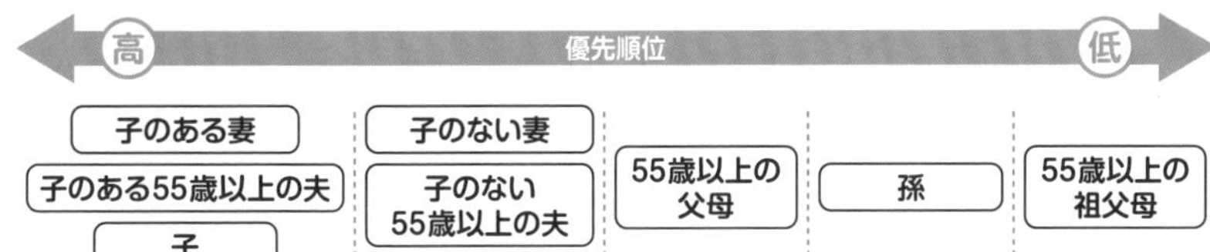

妻の老齢基礎年金は繰り下げる

遺族厚生年金は
夫の老齢厚生年金の3/4

例）夫が会社員（平均年収500万円・厚生年金40年加入）、
　妻が専業主婦（厚生年金なし）で、夫が亡くなった場合

夫　老齢基礎年金　年約80万円
　　老齢厚生年金　年107.8万円

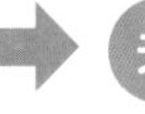

夫　死亡

妻　老齢基礎年金　年約80万円

妻　老齢基礎年金　年約80万円
　　遺族厚生年金　年80.9万円
　　合計 年160.9万円

➡ 妻の老齢基礎年金を繰り下げておけば ……

- 70歳まで繰り下げた場合

妻　老齢基礎年金　年113.6万円
　　遺族厚生年金　年80.9万円（非課税）
　　合計　**年194.5万円**

- 75歳まで繰り下げた場合

妻　老齢基礎年金　年147.2万円
　　遺族厚生年金　年80.9万円（非課税）
　　合計　**年228.1万円**

遺族厚生年金がもらえるケースで、
配偶者の健康に不安があるならば、
老齢基礎年金だけ繰り下げておきましょう

10秒チェック！

配偶者が亡くなり遺族年金の受給権が発生すると、老齢年金の繰り下げによる増額ができなくなる点に注意。知らずに繰り下げても、年金が増えないということになりかねません。

備える　増やす

016 1分 minute

自分の年金額はどうやって調べる？

まずはもらえる金額を正確に把握すること！

自分の年金額を知るには**「ねんきん定期便」**が便利です。日本年金機構から年に1回、誕生日前後に送られてくる書類で、基本的にはハガキですが、35歳、45歳、59歳になる年には封書で届きます。

50歳以上のねんきん定期便の場合、「老齢年金の種類と見込額」に**「60歳まで今の条件で加入し、65歳から年金をもらった場合の年金額の目安」**が記載されています。老後の年金額を必ず把握しましょう。

ねんきん定期便のネット版、**「ねんきんネット」**を使うと、今までのすべての年金記録がいつでも確認できるうえ、今後の年収・働き方を加味した**詳細な年金額をシミュレーション**できます。

ねんきんネットへのアクセスは**「マイナポータル」**を利用するのが便利。マイナンバーカードを使ってスマホ・パソコンからログインし、ねんきんネットと連携すればOKです。

ねんきんネットは、ねんきん定期便に記載されている「アクセスキー」を利用して、ユーザーIDを取得する方法でもスムーズに利用できます。ただし、アクセスキーの有効期限はねんきん定期便の到着から3か月です。なお、アクセスキーの有効期限が切れたり、アクセスキーがわからなかったりする場合は、アクセスキーがなくても登録できます。

自分の年金額はどこに書いてある？

● 50歳以上のねんきん定期便（ハガキ）

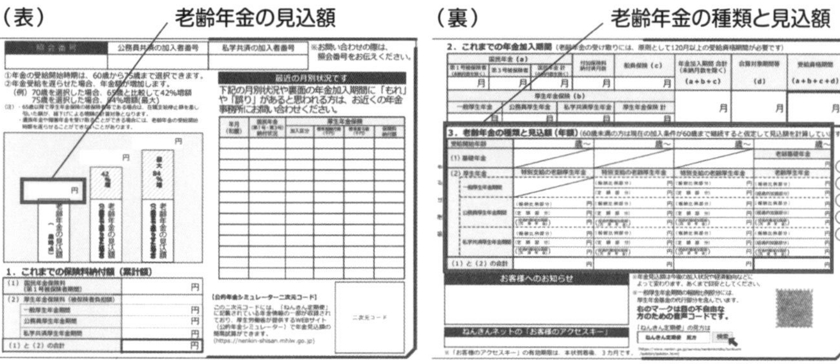
（表）　老齢年金の見込額

照会番号　公務員共済の加入者番号　私学共済の加入者番号　※お問い合わせの際は、照会番号をお伝えください。

①年金の受給開始時期は、60歳から75歳まで選択できます。
②年金受給を遅らせた場合、年金額が増加します。
（例）70歳を選択した場合、65歳と比較して42%増額
75歳を選択した場合、84%増額(最大)

最近の月別状況です
下記の月別状況や裏面の年金加入期間に「もれ」や「誤り」があると思われる方は、お近くの年金事務所にお問い合わせください。

1．これまでの保険料納付額（累計額）

(1) 国民年金保険料（第1号被保険者期間）	円
(2) 厚生年金保険料（被保険者負担額）	
一般厚生年金期間	円
公務員厚生年金期間	円
私学共済厚生年金期間	円
(1) と (2) の合計	円

【公的年金シミュレーター二次元コード】

（裏）　老齢年金の種類と見込額

2．これまでの年金加入期間

3．老齢年金の種類と見込額（年額）

受給開始年齢	歳～	歳～	歳～	歳～
(1) 基礎年金				老齢基礎年金
(2) 厚生年金	特別支給の老齢厚生年金	特別支給の老齢厚生年金	特別支給の老齢厚生年金	老齢厚生年金
(1) と (2) の合計	円	円	円	円

お客様へのお知らせ

ねんきんネットの「お客様のアクセスキー」

● ねんきんネット（スマホ画面の例）

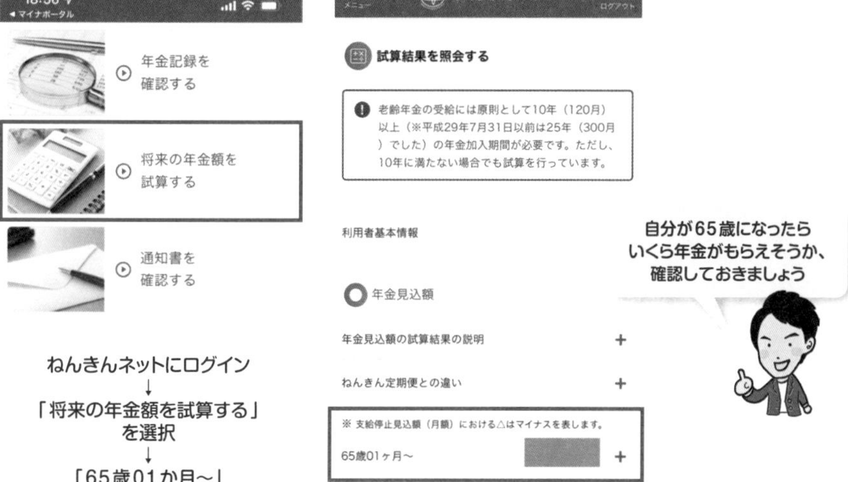
18:56
マイナポータル
年金記録を確認する
将来の年金額を試算する
通知書を確認する
ねんきんネット
試算結果を照会する
老齢年金の受給には原則として10年（120月）以上（※平成29年7月31日以前は25年（300月）でした）の年金加入期間が必要です。ただし、10年に満たない場合でも試算を行っています。
利用者基本情報
年金見込額
年金見込額の試算結果の説明
ねんきん定期便との違い
※ 支給停止見込額（月額）における△はマイナスを表します。
65歳01ヶ月～
自分が65歳になったら
いくら年金がもらえそうか、
確認しておきましょう

ねんきんネットにログイン
↓
「将来の年金額を試算する」を選択
↓
「65歳01か月～」に金額が記載

振り返りポイント

10秒チェック！

年金額をざっと試算したいときには「公的年金シミュレーター」も便利。ねんきん定期便にあるバーコードを読み取り、生年月日を入力すると、将来の年金額が簡単に試算できます。

備える 増やす

017 1分 minute

年金の早見表を確認しよう！

国民年金は、原則として**20〜60歳までの40年間**（480か月）にわたって所定の国民年金保険料を支払えば、誰もが満額受け取れます。2023年度の国民年金の満額は、**年額79万5,000円**（67歳以下）、**79万2,600円**（68歳以上）です。保険料の納付月数が40年に足りないと、もらえる金額も減少します。たとえば、保険料の納付月数が半分の20年（240か月）だった場合、もらえる国民年金の額も半分の年39万7,500円（2023年度）になります。

対する厚生年金の受給額は、加入期間中の給与や賞与の金額も踏まえて計算されます。基本的に、厚生年金に長く加入するほど、給与や賞与の金額が多いほど、納める厚生年金保険料が増えますが、その分年金額も多くなります。

表は、23歳から厚生年金に加入した場合に受け取れる年金額（国民年金＋厚生年金）の合計額（年額）を示した概算表です。なお、国民年金は2023年度の67歳以下の満額、厚生年金は65歳時点での受給額を表しています。

年金早見表

● 例：23歳で厚生年金に加入して働いた場合

厚生年金加入期間	年齢	生涯の平均年収					
		200万円	300万円	400万円	500万円	600万円	700万円
5年	27歳	85万円	88万円	91万円	93万円	96万円	99万円
10年	32歳	91万円	97万円	102万円	106万円	112万円	118万円
15年	37歳	96万円	105万円	113万円	120万円	129万円	138万円
20年	42歳	102万円	114万円	124万円	133万円	145万円	157万円
25年	47歳	107万円	122万円	135万円	147万円	162万円	177万円
30年	52歳	113万円	131万円	147万円	160万円	178万円	196万円
35年	57歳	119万円	139万円	158万円	174万円	195万円	215万円
40年	62歳	124万円	148万円	169万円	187万円	211万円	235万円
43年	65歳	128万円	153万円	176万円	195万円	221万円	246万円

※国民年金満額（79万5,000円［67歳以下の金額］）と厚生年金額の目安
※厚生年金：平均年収÷12で該当する標準報酬月額を算定。標準報酬月額×0.005481×加入月数で計算
※65歳未満の金額は65歳時点での受給金額を表示

国民年金は保険料を40年（480か月）納めれば、
誰でも満額もらえます
「満額」の金額は毎年変動します

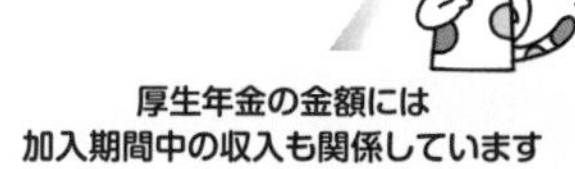

厚生年金の金額には
加入期間中の収入も関係しています

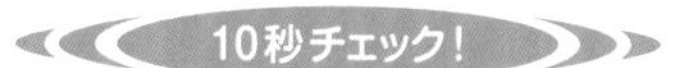

国民年金は最大で40年（480か月）加入できます。それに対して厚生年金は70歳になるまで加入でき、もらえる年金額を増やすことができます。

備える　増やす

018 1分 minute

年金は いつ受給開始するかで 金額が変わる

繰り上げと
繰り下げ、
どっちが得かなぁ……

P36で紹介したとおり、年金を受給するときにはお住まいの近くにある年金事務所や年金相談センターに年金請求書を提出します。年金は「申請主義」といって、**請求の手続きをすることではじめて受け取れます**。

年金は原則65歳からですが、希望すれば60〜75歳の間の好きなタイミングで受給を開始できます。60〜64歳までに受給することを**「繰り上げ受給」**、66〜75歳までに受給することを**「繰り下げ受給」**といいます。

繰り上げ受給・繰り下げ受給の時期は1か月単位で選べます。そして、**受給を始めるタイミングによって年金の金額（受給率）が変わります**。

繰り上げ受給では、1か月早めるごとに**0.4％ずつ**受給率が減ります。60歳まで年金の受給開始を早めると、受給率は**76％（24％減額）**となります。

一方、繰り下げ受給では、1か月遅らせるごとに**0.7％ずつ**受給率が増え、75歳まで遅らせると受給率は**184％（84％増額）**になります。

繰り上げ受給・繰り下げ受給の受給率

(%)

	0か月	1か月	2か月	3か月	4か月	5か月	6か月	7か月	8か月	9か月	10か月	11か月
60歳	76.0	76.4	76.8	77.2	77.6	78.0	78.4	78.8	79.2	79.6	80.0	80.4
61歳	80.8	81.2	81.6	82.0	82.4	82.8	83.2	83.6	84.0	84.4	84.8	85.2
62歳	85.6	86.0	86.4	86.8	87.2	87.6	88.0	88.4	88.8	89.2	89.6	90.0
63歳	90.4	90.8	91.2	91.6	92.0	92.4	92.8	93.2	93.6	94.0	94.4	94.8
64歳	95.2	95.6	96.0	96.4	96.8	97.2	97.6	98.0	98.4	98.8	99.2	99.6
65歳	100.0											
66歳	108.4	109.1	109.8	110.5	111.2	111.9	112.6	113.3	114.0	114.7	115.4	116.1
67歳	116.8	117.5	118.2	118.9	119.6	120.3	121.0	121.7	122.4	123.1	123.8	124.5
68歳	125.2	125.9	126.6	127.3	128.0	128.7	129.4	130.1	130.8	131.5	132.2	132.9
69歳	133.6	134.3	135.0	135.7	136.4	137.1	137.8	138.5	139.2	139.9	140.6	141.3
70歳	142.0	142.7	143.4	144.1	144.8	145.5	146.2	146.9	147.6	148.3	149.0	149.7
71歳	150.4	151.1	151.8	152.5	153.2	153.9	154.6	155.3	156.0	156.7	157.4	158.1
72歳	158.8	159.5	160.2	160.9	161.6	162.3	163.0	163.7	164.4	165.1	165.8	166.5
73歳	167.2	167.9	168.6	169.3	170.0	170.7	171.4	172.1	172.8	173.5	174.2	174.9
74歳	175.6	176.3	177.0	177.7	178.4	179.1	179.8	180.5	181.2	181.9	182.6	183.3
75歳	184.0											

繰り上げ受給（60歳〜64歳）：早くもらえるがもらえる金額が減る

繰り下げ受給（66歳〜75歳）：時期は遅くなるがもらえる金額が増える

例）65歳から年金が年200万円もらえる人の場合

- 60歳まで繰り上げ受給…200万円×76.0％＝152万円
- 65歳…200万円
- 70歳まで繰り下げ受給…200万円×142％＝284万円
- 75歳まで繰り下げ受給…200万円×184％＝368万円

年金額は
いつから受給するかで
大きく変わります！

年金をいつから受け取るかはとても大切です。次ページより考え方を詳しく解説していきますので、自分はいつ受け取るのがいいのかを考えましょう。

備える

019 1分 minute

年金の受け取り方「繰り上げ受給」のメリット・デメリット

年金の繰り上げ受給のメリットは、**年金という安定収入を早いうちから手に入れられる**ことにあります。早期退職で収入が少なかったり、健康面に不安があったりする場合は、繰り上げ受給のほうがいいかもしれません。

しかし、年金の繰り上げ受給にはデメリットがいくつかあります。

繰り上げ受給をすると、**本来より少ない年金額**を生涯受け取り続けることになります。一度申請すると、取り消せません。

繰り上げ受給は、国民年金・厚生年金同時に行います。なお、次に紹介する繰り下げ受給は国民年金だけ、厚生年金だけを選べます。

繰り上げ受給すると、国民年金の任意加入ができなくなります。任意加入ができないと、**国民年金の未納期間を減らして年金を増やすことができません**。国民年金保険料の追納もできなくなります。

また、繰り上げ受給したあとに所定の障害状態になっても、**障害基礎年金が受け取れません**。夫が老齢年金をもらう前に亡くなったときに妻がもらえる**「寡婦年金」ももらえなくなります**。さらに、iDeCoに加入できる条件を満たしていても、**iDeCoに加入できなくなります**。

繰り上げ受給のデメリット

生涯減額された年金が支給される

最大で24%減の年金を生涯受け取ることになる。取り消しもできない

繰り上げ受給は国民年金と厚生年金同時

繰り下げは「国民年金だけ」「厚生年金だけ」が選べる

国民年金の追納や任意加入ができなくなる

20~25歳まで未納でした

国民年金の未納期間が減らせなくなるので、年金額を増やせない

障害基礎年金が受け取れない

繰り上げ受給後に障害状態になっても障害基礎年金はもらえない

iDeCoに加入できなくなる

65歳未満でiDeCoの加入条件を満たしていても加入できない

繰り上げ受給には
デメリットがいくつかあるので、
慎重に選びましょう

繰り遅りポイント

10秒チェック!

繰り上げ受給は年金を早く受け取れますが、その分年金額が減ってしまうことに。生涯にわたって年金額が減ってしまいます。安易に選ぶのはNGです。

備える　増やす

020 1分 minute

いつ死ぬか
わからないから、
難しい選択だ……

年金の受け取り方「繰り下げ受給」のメリット・デメリット

　年金の繰り下げ受給のメリットは、なんといっても**年金額が最大で84％も増える**ことです。繰り上げ受給と同じく、一度繰り下げ受給で年金をもらい始めたら、以後は増額した年金が**生涯にわたってずっと続きます**。

　しかし、せっかく年金を繰り下げても、**長生きできなければ損**です。75歳から年金をもらおうと思っていたのに、74歳で亡くなってしまったら、本人は年金を1円ももらえなくなってしまいます。年金を繰り下げると年金額は最大84％増えますが、**年金額が増えると税金・社会保険料も増える**ため、手取りが84％増えるわけではありません。

　加給年金や振替加算は、年金を繰り下げている間はもらえません。特に「**自身の老齢厚生年金の繰り下げ**」と「**加給年金の受給**」どちらが得かはよく考える必要があります（→P76）。

　なお、年金の繰り下げ中に亡くなった場合に、遺族がもらえる遺族年金の金額は、65歳時点の金額で計算されます。仮に74歳で亡くなったとしても、遺族は繰り下げ受給の恩恵が受けられません。

繰り下げ受給のデメリット

長生きできなければ損

繰り下げ受給している間に亡くなったら本人は1円ももらえない

年金額が増えると税金・社会保険料も増える

年金も所得なので、税金や社会保険料を負担する。年金額が増えると、税金や社会保険料も増える

繰り下げ中はもらえない年金もある

加給年金や振替加算は、年金を繰り下げている間はもらえない

遺族年金の金額は65歳時点の金額で計算

繰り下げ待機中に亡くなった場合、遺族が請求できる未支給年金は過去5年分

年金は長生きに
対応するための「保険」なので、
できるだけ繰り下げを選んだほうがいい！

10秒チェック！

繰り下げ受給にもデメリットがないわけではありませんが、老後の年金額が増えるのは大きなメリット。今後、寿命が伸びていくことを考えると、繰り下げ受給を選んだほうがいいでしょう。

備える

021 1分 minute

税金も保険も
引かれるんじゃ、
現役時代と
変わらない……

繰り下げ受給をしても受取金額がそのまま増えるわけではないのはなぜ？

仮に75歳まで年金の繰り下げ受給をして、年金額が84％増えても、手取りが84％増えるわけではありません。なぜなら、**老後の年金にも税金や社会保険料がかかる**からです。

老後の年金には、**①国民健康保険料（75歳未満）または後期高齢者医療保険料（75歳以上）、②介護保険料、③所得税、④住民税**の4つの税金・社会保険料がかかります。年金額が年18万円以上の場合、税金や社会保険料が天引きされて銀行に振り込まれます。税金や社会保険料の金額は、ねんきん定期便などには書かれていません。そのため、いざ年金が振り込まれてみると**「思ったより少ない」**と思われる方も多くいます。

年金から天引きされる税金・社会保険料は、年金額や家族構成、住んでいる自治体などによって異なりますが、おおよそ**10％～15％程度**と覚えておきましょう。年金の額面は240万円でも、右図の条件だと手取りは208万円程度になってしまいます。年金が多いほど、税金や社会保険料も増えます。したがって、老後のお金の計画を立てる際には、**手取りの年金額を考える**必要があることを押さえておきましょう。

年金から引かれる税金・社会保険料

【試算の条件】
- 東京都文京区在住、65歳以上、独身、扶養親族なし
- 年金の受給額：年間240万円（額面）
- 年金以外の収入なし
- 所得控除は基礎控除、社会保険料控除のみ

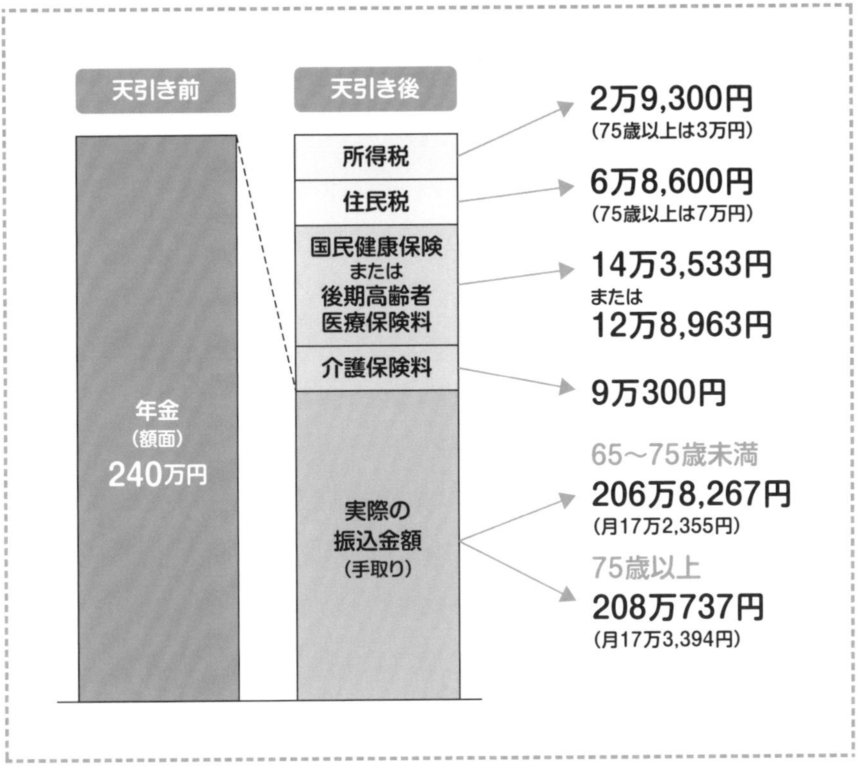

天引き前	天引き後	
年金（額面）240万円	所得税	2万9,300円（75歳以上は3万円）
	住民税	6万8,600円（75歳以上は7万円）
	国民健康保険または後期高齢者医療保険料	14万3,533円 または 12万8,963円
	介護保険料	9万300円
	実際の振込金額（手取り）	65～75歳未満 206万8,267円（月17万2,355円） 75歳以上 208万737円（月17万3,394円）

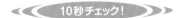

10秒チェック！

年金の金額は手取りで考えることが大切。年金から引かれる税金・社会保険料は、年金額のおおよそ10～15％程度です。

備える　増やす

022 1分 minute

68歳とか84歳という
数字がだんだん
リアルに
なってきました

繰り上げ受給・繰り下げ受給の損益分岐点は？

年金を繰り上げ受給・繰り下げ受給した場合の**受給率は生涯続きます**。そのため、何歳まで生きるかで年金の「**損益分岐点**」が変わります。

65歳から年金を受給した場合と、年金を繰り上げ受給・繰り下げ受給した場合で比べた「損益分岐点」は右図の通りです。

額面ベースでの損益分岐点は年金額がいくらであっても同じ。繰り上げ受給の場合はおよそ**21年**で65歳受給の年金総額が繰り上げ受給の年金総額を追い抜きます。また、繰り下げ受給の場合はおよそ**12年**で繰り下げ受給の年金総額が65歳受給の年金総額を追い抜きます。

ただ、年金からは税金や社会保険料が天引きされます。それを加味した手取りベースの損益分岐点は、額面ベースの損益分岐点より**2年程度遅くなります**。実際、銀行に振り込まれる年金額は手取りの金額なので、年金の損益分岐点も、**手取りベース**で考えましょう。

年金の繰り下げ受給のひとつの目安は**68歳**です。**寿命が84歳〜86歳のときに、手取りの総額がもっとも多くなります**。ただし、68歳を過ぎても長く働けるなら、働いている間は繰り下げ待機して、仕事を辞めた年齢から年金を受け取るようにすれば、その後の年金額を増やせます。

繰り上げ・繰り下げ受給の受給率・受給額と損益分岐点

- 東京都在住、独身、扶養家族なし
- 65歳受給の年金額面180万円（月15万円）
- 年金以外の収入なし
- 所得控除は基礎控除と社会保険料のみ

年金額の手取りは
人によって異なりますので、
以下のシミュレーションは
ご参考です

	年齢	受給率（%）	年金額面（65歳180万円）	額面ベース損益分岐点（65歳と比較）	手取りベース損益分岐点（65歳と比較）
繰り上げ受給	60歳	76.0%	136.8 万円	80歳10か月	82歳2か月
	61歳	80.8%	145.4 万円	81歳10か月	84歳3か月
	62歳	85.6%	154.1 万円	82歳10か月	87歳4か月※
	63歳	90.4%	162.7 万円	83歳10か月	85歳1か月
	64歳	95.2%	171.4 万円	84歳10か月	87歳4か月
	65歳	100.0%	180.0 万円	-	-
繰り下げ受給	66歳	108.4%	195.1 万円	77歳11か月	79歳11か月
	67歳	116.8%	210.2 万円	78歳11か月	80歳11か月
	68歳	125.2%	225.4 万円	79歳11か月	81歳11か月
	69歳	133.6%	240.5 万円	80歳11か月	83歳2か月
	70歳	142.0%	255.6 万円	81歳11か月	84歳1か月
	71歳	150.4%	270.7 万円	82歳11か月	85歳1か月
	72歳	158.8%	285.8 万円	83歳11か月	86歳1か月
	73歳	167.2%	301.0 万円	84歳11か月	87歳
	74歳	175.6%	316.1 万円	85歳11か月	88歳
	75歳	184.0%	331.2 万円	86歳11か月	89歳2か月

年金額がいくらでも損益分岐点は約12年

額面ベース＋2年程度が目安

※62歳の手取りベースの損益分岐点が遅い理由……

65歳になると「公的年金等控除」の金額が60万円から110万円にアップし、年金額面「154.1万円」が住民税非課税世帯に該当する。これにより、住民税がかからないので、65歳未満のときより手取りが大きく増えるため

10秒チェック！

年金から天引きされるお金は一律ではなく、年金額や家族構成、住んでいる自治体などによって異なります。正確に知りたい場合は年金事務所などに相談してみましょう。

備える　増やす

023 1分 minute

老齢基礎年金と老齢厚生年金を分けて繰り下げる裏技

いろんな組み合わせがあって難しいなぁ……

繰り上げ受給は、老齢基礎年金と老齢厚生年金を同時に行わなければなりません。それに対して繰り下げ受給は、**老齢基礎年金と老齢厚生年金を別々に繰り下げる**ことができます。

例えば、「70歳まで働くつもりだけど、勤労収入だけで生活するのは厳しい。一方で70歳以降の年金額も増やしたい」といった場合、**65歳から老齢基礎年金を受け取り、老齢厚生年金だけを繰り下げ受給して将来のために増やす**といった一手があります。

「配偶者が亡くなった時に年金が少なくなるので不安」といった場合、P46で解説した通り、**老齢基礎年金だけは繰り下げておくのが良いでしょう**。配偶者の健康に不安があるならば尚更です。

加給年金をもらえるときも、老齢基礎年金だけを繰り下げるのが一つの手です。加給年金は老齢厚生年金を繰り下げているときには支給停止になりますが、老齢基礎年金は関係ありません。年金を繰り下げ受給で増やしながら加給年金ももらいたいという場合に有効です。

老齢基礎年金と老齢厚生年金は別々に繰り下げできる

● 受給を増やしたいなら老齢厚生年金だけ繰り下げる

再雇用で給料が
大きく減って心配だけど、
年金は繰り下げ受給で
増やしたい……

老齢基礎年金（または老齢厚生年金）は65歳から受け取り、老齢厚生年金（または老齢基礎年金）だけ繰り下げ受給することで、最大84%増やすことができる

● 配偶者が亡くなった後を見据え老齢基礎年金だけは繰り下げる

配偶者が亡くなると、
年金額が少なくなり、
生活できるか不安なので
対策したい……

遺族厚生年金（P46）は配偶者が65歳時点でもらえる老齢厚生年金の4分の3。老齢基礎年金の金額は遺族厚生年金に影響しないため繰り下げが有効

● 加給年金をもらいたいなら老齢基礎年金だけ繰り下げる

年の差がある
専業主婦（夫）世帯なので、
加給年金もほしいけれど、
年金も繰り下げして
増やしたい……

加給年金は老齢厚生年金を繰り下げていると支給停止になる。老齢基礎年金は繰り下げていても加給年金はもらえる

10秒チェック！

毎月の収入や今後の生活に合わせて、どの年金をいつから受け取るのかを検討しましょう。

024 1分 minute

国民年金基金・付加年金ってなに？

フリーだから
将来が不安。
自分で身を
守らなきゃ

自営業やフリーランスの方には厚生年金がなく、国民年金しかありません。手薄になってしまう老後の備えを上乗せするために活用したい制度に、**国民年金基金**と**付加年金**があります。

国民年金基金は、フリーランスや個人事業主などが対象の、**国民年金にプラスして加入できる**年金制度。終身年金が基本で、1口目は終身年金A型かB型のどちらか、2口目以降は終身年金A型・B型、確定年金I型〜V型の7種類の中から希望する型と口数を選んで加入します。掛金の上限は月額6万8,000円で、口数単位で調整できます。

付加年金は、毎月納める国民年金保険料に**「付加保険料」を上乗せ**することで、将来の年金額を増やせる制度です。月額400円の付加保険料を支払うと**「200円×付加保険料納付月数」**の分だけ年金額が増えます。2年以上もらえば支払った付加保険料の元がとれます。

どちらも全額所得控除の対象になるため、所得税や住民税の負担を減らすことができますが、国民年金基金と付加年金は併用できません。**「国民年金基金とiDeCo」「付加年金とiDeCo」の併用**はできます。

国民年金基金と付加年金の主な違い

	国民年金基金	付加年金
掛金月額	月額最大6万8,000円 （iDeCoとの合計金額）	400円
受給開始	60歳または65歳	原則65歳から
受給額	月額1～2万円 （50歳までに1口加入時）	200円 × 付加年金保険料納付月数
iDeCoとの併用	○	○

● 年金制度、どう組み合わせる？

お金をかけられない人

付加年金からスタート
余裕ができたら
iDeCoも

運用を任せたい人

国民年金基金なら
自分で運用する
必要なし

自分で運用したい人

iDeCoで運用
自分で
投資先を選べる

バランスよく取り組みたい人

国民年金基金と
iDeCoを併用

10秒チェック！

フリーランスの公的年金は国民年金のみですので、国民年金基金、付加年金、iDeCoを活用して自分自身で年金の上乗せをしましょう。

節約する 備える 増やす

025 1分 minute

フリーランスに必須な小規模企業共済！加入している？

自営業やフリーの人のための「安心」の制度ですね！

小規模企業共済は、フリーランスや個人事業主がお金を積み立てることで、事業を廃止したときに積み立てた金額に応じた共済金が受け取れる制度です。運用利率は掛金納付から25年目まで1.5％。以後段階的に低下し、35年目以降は1.0％となっています。公的な保険や年金が手薄な**フリーランスや個人事業主の老後の退職金や年金**を用意できます。

しかも、小規模企業共済の**掛金は全額所得控除**（小規模企業共済等掛金控除）の対象ですので、将来のためにお金を貯めながら、税金を減らすことができます。そのうえ、銀行よりも低金利でお金が借りられる貸付制度もあります。資金繰りが苦しいときにも、病気やケガのときの備えにも、設備を増やすときの資金調達にも使えます。

フリーランス・個人事業主の場合は小規模企業共済を最優先で活用し、さらに余裕があるならiDeCoも併用することで、節税額が大きくなります。

ただし、20年未満で任意解約した場合には元本割れする点は覚えておきましょう（事業を廃業・譲渡した場合は元本割れしません）。

小規模企業共済の制度詳細

加入資格		従業員20名（商業とサービス業は5名）以下の個人事業主・企業の役員
掛金	掛金	1,000円～7万円 （500円単位で自由に選択可能）
	掛金額の変更	可能（停止も可能）
	所得控除の上限	全額
受取時	受取のタイミング	• 事業をやめたとき • 65歳以上で180か月以上払い込んだとき
	税制優遇	退職所得控除・公的年金等控除
運用利率		• 掛金納付から25年目まで　1.5% • 26年目以降　1.5～1.0%（段階的に減少） • 35年目以降　1.0%
貸付制度		• 一般貸付制度（利率年1.5%） • 緊急経営安定貸付け（利率年0.9%） • 傷病災害時貸付け（利率年0.9%）など
途中解約		可能（240か月未満での任意解約は元本割れ）

iDeCoとも併用可能

掛金が全額所得控除。
最大で年84万円所得を
差し引けるため、
その分税金が安くできる

受け取るときにも
税制優遇がある

利率の低い
貸付制度も役立つ

10秒チェック！

毎月1,000円から加入でき、掛け金は全額所得控除できます。そのうえ、銀行よりも低金利でお金を借りられる貸付制度もあります。

備える 増やす

026 1分 minute

受給の仕方に注意！「在職老齢年金」

ほどよく稼ぐのが
良い老後かもね

60歳以降も厚生年金に加入しながら働く場合、**働きながら厚生年金をもらう**ことができます。この年金を「在職老齢年金」といいます。ただし、在職老齢年金は毎月の給与と年金額に応じて一部または全部が支給停止されます。

具体的には、60歳以降の老齢厚生年金額（月額）と給与の合計が**48万円（2023年度）を超えると、老齢厚生年金の一部がカット**されます。たとえば、65歳の人が月10万円の老齢厚生年金と40万円の給与をもらう場合、老齢厚生年金が月額1万円支給停止になります。

しかも、年金の繰り下げ待機をして年金を受け取らなかった場合も、支給停止されるはずの部分は、**繰り下げ増額の対象外**となります。この例では、繰り下げ受給の対象となる年金額は「10万円」ではなく「9万円」になってしまいます。このことを知らずに老齢厚生年金を繰り下げても「思ったほど増えなかった」となる可能性があるので、**収入が多い人ほど注意が必要**です。

在職老齢年金で年金が支給停止になる

● 在職老齢年金とは？

在職老齢年金
60歳以降に働きながら受給する老齢厚生年金
月収と年金月額の合計によって減額・全額停止に

月収 毎月の標準報酬額＋直近1年間の合計÷12

年金月額 加給年金額を除いた年金額（年額）÷12

月収＋年金月額 ＝ 48万円以下 なら 全額支給

月収＋年金月額 ＝ 48万円を超えると 一部 または 全額停止！

受け取れる年額は 年金月額－（月収＋年金月額－48万円）÷2 で算出

例）月10万円の老齢厚生年金と40万円の給与をもらう場合に受け取れる在職老齢年金の金額

10万円－（40万円＋10万円－48万円）÷2＝9万円

1万円減額される！

仮に給与が58万円だと……

10万円－（58万円＋10万円－48万円）÷2＝0円

全額停止される！

例）在職老齢年金で1万円減額された人が70歳まで繰り下げ受給したときの年金額（国民年金年79.5万円、厚生年金月10万円→9万円と仮定）

国民年金：79.5万円×1.42＝112万8,900円
厚生年金：（10万円＋9万円×0.42）×12か月＝165万3,600円
合計：278万2,500円

もし10万円繰り下げられたら、
170万4,000円だったはず！

在職老齢年金として受け取っていなくても、繰り下げ受給の「増額」対象外になることに注意！

備える

027 1 minute 分

これからの年金はどうなる？「年金がもらえなくなる」報道は本当か？

年金問題はまだまだ続きそうだな……

「これまで納めた年金保険料を返して欲しい」「年金はどうせもらえないから、自分で運用して老後に備えたい」という人がいます。確かに年金に関する報道の中には、年金制度が崩壊して、年金がもらえなくなるというものもあります。しかし、それは本当でしょうか。

現在の年金制度は、**現在の現役世代が納めた保険料を現在の高齢者の年金として支払う**「賦課（ふか）方式」で成り立っています。現在の現役世代が老後を迎えたときの年金は、将来の現役世代の保険料でまかないます。

ただ、賦課方式でも**少子高齢化が進むことで年金額が減ってしまう**ことが考えられます。そこで、年金制度を持続させるために、**賃金や物価に合わせて年金の給付水準を調整**しています。また、年金の**給付金の半分は税金**でまかなっています。

こうした仕組みがある限り、もらえる年金額が減ったとしても、もらえなくなるということはまずないでしょう。

積立方式と賦課方式

	賦課方式	積立方式
仕組み	年金の財源をそのとき（現役世代）の保険料収入から用意する方式	将来自分が受け取る年金の財源を現役の間に積み立てていく方式
メリット	そのときの現役世代の保険料が年金の原資となるため、インフレや給与水準の変化に対応しやすい（価値が目減りしにくい）	積立金を元手に運用して、運用収入を活用できる
デメリット	少子高齢化（高齢者比率の上昇）が起こると保険料が増えたり年金を減らしたりする必要がある（現役世代の負担増）	インフレで価値が目減りしたり、運用環境が悪くなったりすると、年金を減らす必要がある

● 賦課方式のイメージ

現在　　　将来

受給世代

年金保険料　　年を取って……　　年金保険料

働く世代

10秒チェック！

年金制度は「世代間の支え合い」で成り立っています。「年金がもらえなくなる」と聞くと焦ってしまいそうですが、そんなことはまずないでしょう。

備える

028 1分 minute

これからの年金はどうなる？人口減少・少子高齢化の加速で年金は大きく減る？

2023年時点の日本では、**2.1人の現役世代で1人の高齢者**を支えています。これが2065年では「**1.3人に1人**」まで少なくなると言われています。年金がもらえなくなることはまずないと説明しましたが、少子高齢化が進むと、もらえる金額を少なくしたり、年金の受給開始年齢を遅くしたりせざるを得なくなるかもしれません。受給開始年齢が遅くなるのは、長生き時代に合わせて変わるのは仕方ないとしても、年金額が急激に減るのは由々しき事態です。

しかし、そうならないようにするために、現役世代が納めた年金保険料のうち、年金の支払いに充てていない部分を「**年金積立金**」として積み立て、**GPIF（年金積立金管理運用独立行政法人）という組織が運用して増やしています**。将来、人口減少・少子高齢化が進むと、年金保険料は徐々に減り、年金給付の財源が不足します。その不足分にこの年金積立金を活用します。将来的には、支払われる年金の**1割程度を年金積立金から補う**予定です。なお、GPIFは2001年からの20年強の運用で、資産を100兆円近く増やしています。

年金積立金で不足分を補う

年金積立金の役割

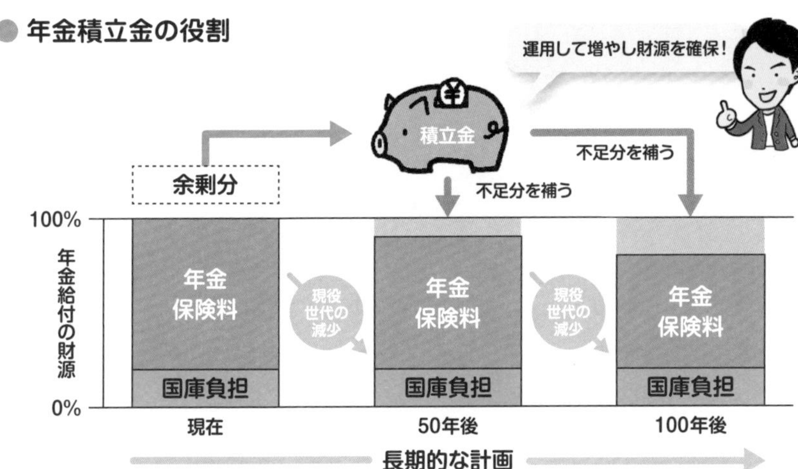

GPIFの運用成果

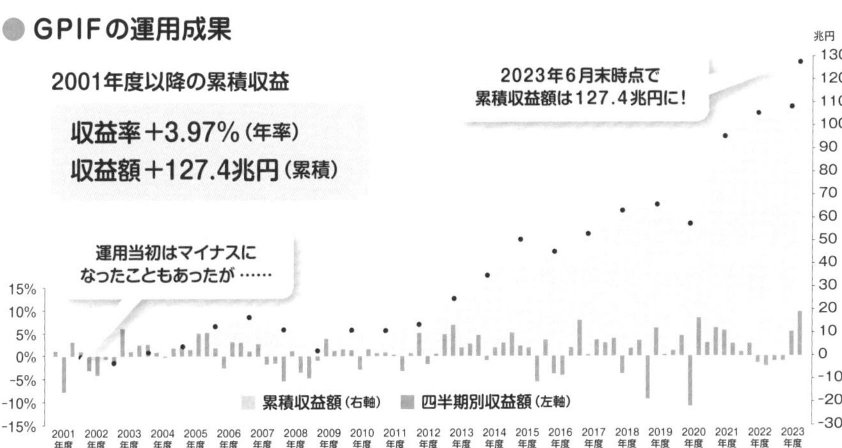

現役世代が減少しても、年金の不足分は年金積立金でまかなうことになっています。年金積立金は、累積の収益が100兆円近いプラスになっています。

備える

029 1分 minute

熟年離婚は
人生設計に
なかったなぁ……

やらないとどうなる!?
離婚時の年金分割

離婚するときには「財産分与」といって、夫婦の資産を分配します。年金も「年金分割」といって、離婚するときには**婚姻期間中の厚生年金の記録を夫婦で分け合う**ことができます。

年金分割には、**合意分割**と**３号分割**の２種類があります。

合意分割は、年金を夫婦の合意によって分割する制度です。婚姻期間中の厚生年金の記録の**最大２分の１にあたる部分を分割**できます。対する3号分割は、夫婦の合意がなくても、**第３号被保険者だった期間の厚生年金の記録の２分の１を分割**できる制度です。

なお、3号分割では2008年3月以前の厚生年金の記録を分割することはできません。また、年金分割で分けられる年金は厚生年金のうち婚姻期間中に保険料を支払った部分のみ。**婚姻期間外の厚生年金や国民年金は分割できません。**

年金分割は**離婚後２年以内**（元配偶者が亡くなった場合は亡くなってから１か月以内）に自ら手続きを行わなければなりません。年金分割をしないと、将来の年金額が大きく減ってしまう可能性があります。

合意分割と3号分割の違い

	合意分割	3号分割
分割の対象となる期間	婚姻期間全体	2008年（平成20年）4月1日以降の婚姻期間のうち、第3号被保険者であった期間
夫婦の合意	必要	不要
分割割合	上限50%	一律50%

婚姻期間外の記録や
国民年金の記録は分割の対象外！

● 会社員の夫と専業主婦の妻が離婚した場合（例）

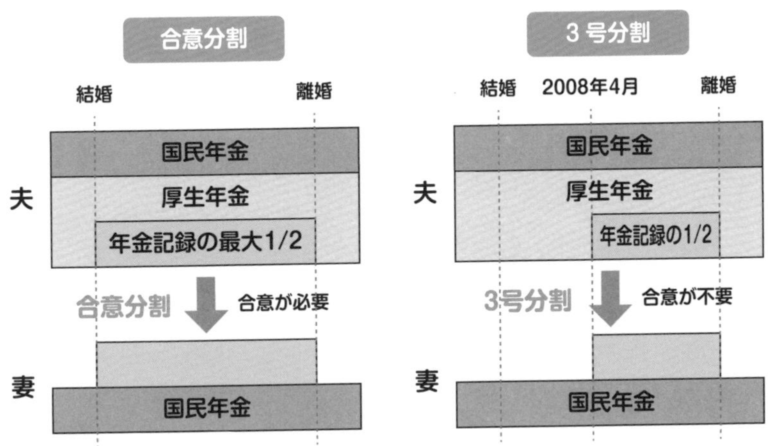

2008年4月以前は合意分割、
2008年4月以降は3号分割
という具合に併用することもできます

10秒チェック！

年金分割によって増えた年金額は平均月約3.1万円（3号分割のみの場合は月約6,000円）です。もしも離婚することがあった場合は、忘れずに手続きしましょう。

ケース別事例❶

夫：サラリーマン60歳 妻：専業主婦（扶養範囲内のパート主婦）55歳の場合

年金の繰り下げか、
加給年金か……
迷うところです！

年の差夫婦の場合、条件を満たすと65歳から加給年金が受け取れます。60歳までサラリーマンとして働いてきた夫と、55歳の専業主婦の世帯の場合、加給年金は妻が65歳になるまでの総額で198万7,500円です。ただし、夫が自身の老齢厚生年金を繰り下げている間は、加給年金が支払われません。

たとえば、夫が老齢厚生年金を月8万5,000円（年102万円）もらえる場合、70歳まで年金を繰り下げた場合の年金額は年144万8400円なので、繰り下げ受給での増加分は42万8,400円です。加給年金の金額をこの繰り下げ受給の増加分で割ると、加給年金の損益分岐点はおよそ4.6年とわかります。繰り下げ受給の損益分岐点12年と4.6年を合計すると、**5歳差夫婦の場合はおよそ86～87歳以上に長生きすれば繰り下げ受給のほうが年金額は多くなる**というわけです。

これと同様に、右の表では加給年金をもらう場合と老齢厚生年金を繰り下げる場合の損益分岐点となる年齢を示しています。日本人の男性の半数は85歳、女性の半数は90歳まで生きる時代と考えると、**5歳差程度までであれば繰り下げ受給を選んだほうが有利でしょう。**それ以上の歳の差なら、**加給年金をもらったほうがいい**と考えられます。

加給年金と老齢厚生年金の損益分岐点

夫が65歳から老齢厚生年金と加給年金をもらう場合			夫が加給年金をもらわずに老齢厚生年金を70歳まで繰り下げる場合			
夫の年齢	妻の年齢	夫がもらえる加給年金総額	繰り下げ受給の損益分岐点	加給年金の損益分岐点	繰り下げ受給のほうが多くなるための年数と年齢	
65歳	64歳（1歳差）	397,500円	繰り下げ受給の増額分（42万8,400円）のほうが多い			
	63歳（2歳差）	795,000円	12年	1.9年	13.9年	83～84歳
	62歳（3歳差）	1,192,500円	12年	2.8年	14.8年	84～85歳
	61歳（4歳差）	1,590,000円	12年	3.7年	15.7年	85～86歳
	60歳（5歳差）	1,987,500円	12年	4.6年	16.6年	86～87歳
	59歳（6歳差）	2,385,000円	12年	5.6年	17.6年	87～88歳
	58歳（7歳差）	2,782,500円	12年	6.5年	18.5年	88～89歳
	57歳（8歳差）	3,180,000円	12年	7.4年	19.4年	89～90歳
	56歳（9歳差）	3,577,500円	12年	8.4年	20.4年	90～91歳
	55歳（10歳差）	3,975,000円	12年	9.3年	21.3年	91～92歳

↑ 繰り下げ受給のほうがお得になる可能性が高い

↓ 加給年金のほうがお得になる可能性が高い

※加給年金は2023年度の金額

（参考）

老齢厚生年金	（年額）	70歳繰り下げ受給	繰り下げ受給増加分
85,000円	1,020,000円	1,448,400円	428,400円

10秒チェック！

年40万円の加給年金はもらえたら確かにうれしいですが、年の差が少ない場合は自身の老齢厚生年金を繰り下げたほうがもらえる年金額が多くなる可能性は高くなります。

ケース別事例❷

夫、妻ともに50歳！共働きの場合

老後のシミュレーションは難しいけど、資金の試算は重要です！

かつて日本で大勢を占めていたのは専業主婦（夫）世帯ですが、1997年にその数が逆転。2022年時点では**専業主婦（夫）世帯539万世帯**に対して**共働き世帯は1,262万世帯**もあります。夫だけでなく妻も会社員・公務員として働く共働き世帯には、収入が多くなる分生活を豊かにでき、将来への備えを用意しやすいというメリットがあります。そのうえ、妻も将来厚生年金を受け取れます。

共働きの会社員夫婦が、右図のような年収推移だった場合、50歳時点の年金額は夫122.6万円、妻97.5万円です。国民年金は20歳から60歳までの40年にわたって国民年金保険料を支払うことで、老齢基礎年金が満額受け取れるようになります。一方、厚生年金は現役時代の年収や厚生年金の加入期間によってもらえる金額が変わります。

この例の夫婦の場合、65歳からもらえる年金額の総額は夫185.3万円、妻146.3万円、65歳時点の年金額は年331万6,000円です。月額に換算すると約27.6万円です。

なお、厚生年金は会社員・公務員として働き続けることで、**最長70歳まで加入して増やす**ことができます。また、**年金の繰り下げ受給を行うことで、最大で84％増やす**ことができます。

夫婦の年金予想額

夫

現在50歳

65歳まで会社員

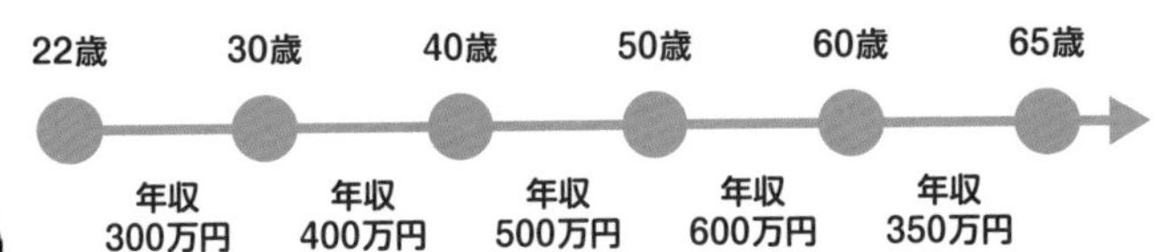

50歳時点の年金額
老齢厚生年金 **63万円** ＋ 老齢基礎年金 **59.6万円**
＝122.6万円

65歳時点の年金額
老齢厚生年金 **105.8万円** ＋ 老齢基礎年金 **79.5万円**
＝185.3万円

妻

現在50歳

30代は専業主婦
65歳まで会社員

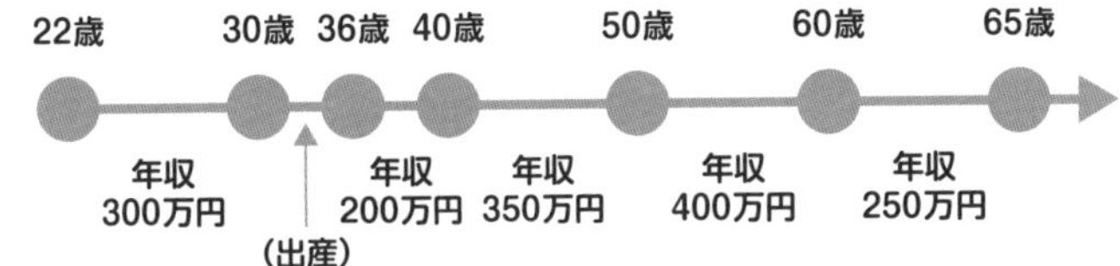

50歳時点の年金額
老齢厚生年金 **37.9万円** ＋ 老齢基礎年金 **59.6万円**
＝97.5万円

65歳時点の年金額
老齢厚生年金 **66.8万円** ＋ 老齢基礎年金 **79.5万円**
＝146.3万円

夫婦の65歳時点の年金額 ＝ 年331万6,000円

※国民年金保険料は20～60歳まで40年間すべて納めたと仮定。2023年の満額（79.5万円）を使用
※厚生年金：平均年収÷12で該当する標準報酬月額を算定。標準報酬月額×0.005481×加入月数で計算

ねんきんネットでは、これまでの加入状況に応じた年金額がすぐわかるうえ、今後働き方や年収が変わった場合の年金額も詳しく試算できますので、ぜひ活用してみましょう。

ケース別事例❸

独身でフリーランス 50歳代の場合

フリーランス・個人事業主といった自営業の方や専業主婦（夫）の方は、国民年金しか受け取ることができません。会社員や公務員だった経験がなく、独身でフリーランスだった人の場合、65歳からもらえる老齢基礎年金の満額（2023年度・67歳以下）は、**年79万5,000円**です。**月額に直すと6万6,250円**。仮に持ち家があって住居費がかからなかったとしても、この金額だけで生活していくのは厳しいものがあります。

国民年金も、繰り下げ受給で増やすことができます。仮に90歳まで生きるとすると、**72歳のときに受け取りを開始**するともらえる年金額額面の総額がもっとも多くなります。

会社員と違い、フリーランス・個人事業主には定年がありません。いつまでも働き続けられれば、年金を気にする必要もないのかもしれません。しかし、いつまでも仕事がある保証や、元気に働ける保証はありません。付加年金・国民年金基金・小規模企業共済・iDeCoといった、**年金の上乗せを用意できる制度**を利用して、老後の不安を少しでも取り除くようにしましょう。

国民年金の繰り上げ・繰り下げで年金総額は？

● 90歳まで生きた場合の年金総額

	年齢	受給率	年金額面（65歳79.5万円）	年金額面総額
繰り上げ受給	60歳	76.0%	60.4 万円	1,813万円
	61歳	80.8%	64.2 万円	1,863万円
	62歳	85.6%	68.1 万円	1,905万円
	63歳	90.4%	71.9 万円	1,940万円
	64歳	95.2%	75.7 万円	1,968万円
	65歳	100.0%	79.5 万円	1,988万円
繰り下げ受給	66歳	108.4%	86.2 万円	2,068万円
	67歳	116.8%	92.9 万円	2,136万円
	68歳	125.2%	99.5 万円	2,190万円
	69歳	133.6%	106.2 万円	2,230万円
	70歳	142.0%	112.9 万円	2,258万円
	71歳	150.4%	119.6 万円	2,272万円
	72歳	158.8%	126.2 万円	2,272万円
	73歳	167.2%	132.9 万円	2,260万円
	74歳	175.6%	139.6 万円	2,234万円
	75歳	184.0%	146.3 万円	2,194万円

フリーランス・個人事業主の人は老後の公的年金が国民年金だけで心許ないので、付加年金・国民年金基金・小規模企業共済・iDeCoなどの制度で上乗せを作りましょう。

付録

2022年4月～2024年12月までの年金制度詳細解説

2022年4月から2024年12月にかけて、
年金に関わるさまざまな制度が変更になっています。
ここで、その主な制度の変更点とポイントを解説します。

2022年 4月

- **繰り下げ受給の上限年齢が70歳 ➡ 75歳に**
- **繰り上げ受給の減額率が1か月あたり0.5％ ➡ 0.4％に**
  （1962年4月2日生まれ以降の方が対象）
- **在職定時改定の導入**
  65歳以上70歳未満で、厚生年金をもらいながら働く場合、年金額が毎年1回（10月支給分から）改定される
- **年金手帳が廃止され、「基礎年金番号通知書」に変わった**
- **iDeCo・企業型DCの受給開始時期の上限が70歳 ➡ 75歳に**

5月

- **iDeCoは65歳未満、企業型DCは70歳未満まで加入可能に**
  （iDeCoは厚生年金の被保険者・国民年金の任意加入者のみ）

10月

- **企業型DC加入者のiDeCo加入条件が変更**
- **規約の定めがなくてもiDeCoに加入できる**
- **厚生年金の加入対象「従業員101人以上」「2か月超雇用」に拡大**

厚生年金に加入することになって
手取りが減るのがイヤな方もいるでしょう。
しかし、将来の厚生年金は増えますので、
悪いことばかりではありません。

2023年 4月

- **5年前みなし繰り下げ**（特例的な繰り下げみなし増額制度）**導入**

年金を70歳以降に繰り下げたあとに年金の一括受給をする場合、5年前に繰り下げをしたとみなす制度

例）72歳のときに年金を一括受給する場合

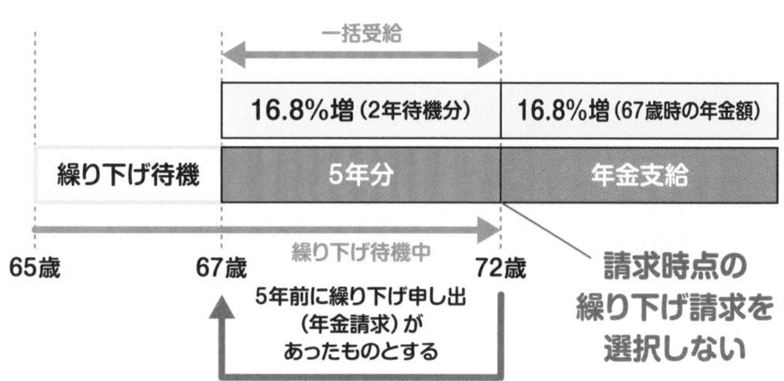

5年前みなし繰り下げでは、一時金をもらっても繰り下げによる年金増額が反映されるようになったので、繰り下げ受給を選びやすくなりました

2024年 10月

- **厚生年金の加入対象が拡大**

「従業員101人以上」の基準が「51人以上」になり、厚生年金に加入する人が増える

12月

- **公務員のiDeCoの掛金上限が1万2,000円から2万円に引き上げ**

公務員や確定給付型企業年金がある会社員のiDeCoの掛金上限額が、月1万2,000円から2万円にアップする

（未定）

- **iDeCoの加入年齢が65歳未満 ➡ 70歳未満に引き上げ**

すでに70歳未満まで引き上げることが議論され、方針が了承されている。今後、具体的な制度が検討される予定

その2

年金額が毎年増やせる!「在職定時改定」

65歳以降も働く人がぜひ知っておきたい制度に「在職定時改定」があります。在職定時改定は、2022年4月に新設された制度です。

以前は、65歳以降に老齢厚生年金を受け取りながら厚生年金に加入して働いても、老齢厚生年金の金額に厚生年金の加入実績が反映されるのは「退職したとき」または「70歳になったとき」でした。しかし、2022年4月からの在職定時改定では、老齢厚生年金を受け取りながら厚生年金に加入して働いている人の年金額を毎年10月に改定。1年間に納めた保険料による増額分を年金額に反映させるようになりました。つまり、年金をもらいながら働くことで、年金額も増えるようになったのです。

たとえば、65歳以降の標準報酬月額が20万円の方が、厚生年金に加入しながら1年間働いた場合、1年間で1万3,000円ほど年金額が増えることになります。

在職定時改定は、働いた結果が厚生年金にすぐ反映されるありがたい制度ではありますが、給与が高い方は「在職老齢年金」による減額にも注意が必要。在職定時改定で年金が増えたことで、60歳以降の年金額（月額）と給与の合計が48万円（2023年度）を超えた場合も、年金の一部がカットされることは押さえておきましょう。

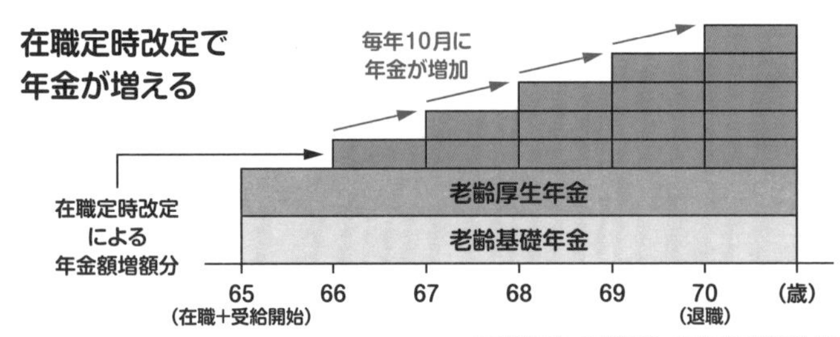

第3章

1分でわかる！
退職金の基本

退職金はそれ自体増やすことは難しいですが、退職金にかかる税金について知ることにより手取りを増やすことが可能となります。この章では、受け取り方などの工夫次第で手取りを増やす方法について解説するとともに、iDeCo資産の受け取りとの関連についても説明します。

貯める

030 1分 minute

退職金は減っているの？

退職金の金額は減少傾向にあります。大学卒の場合、1997年には平均で2,871万円あった退職金が、25年後の2022年には1,896万円と、**約1,000万円も減っています。**高校卒の場合でも同様に、退職金が減っていることがわかります。

一方、公務員は法律で退職金の支払いが規定されています。とはいえ、こちらも金額は不安定です。たとえば、国家公務員の場合、2015年度には約2,181万円あった退職金が、2018年度まで約4年かけて、**約2,068万円に減少**しています。その後多少持ち直しましたが、2021年度はまた減少。今後も、民間同様に減少する可能性があります。

そもそも、企業は法律上、退職金を支払う義務はありません。「退職金額の推移」によると、退職金制度のある企業は80.5%となっています。従業員1,000人以上の企業であれば92.3%が実施している一方、30～99人までの企業では77.6%と減っています。老後資金に活用しようと**あてにしている退職金が実はなかった、**ということもないとはいえませんので、まずは会社に退職金制度があるのかを確認しておきましょう。また、総務や経理などの担当者に、**退職金がおおよそいくらになるか、**聞いておきましょう。

会社員・公務員の退職金は減少傾向

一般企業の退職金額の推移

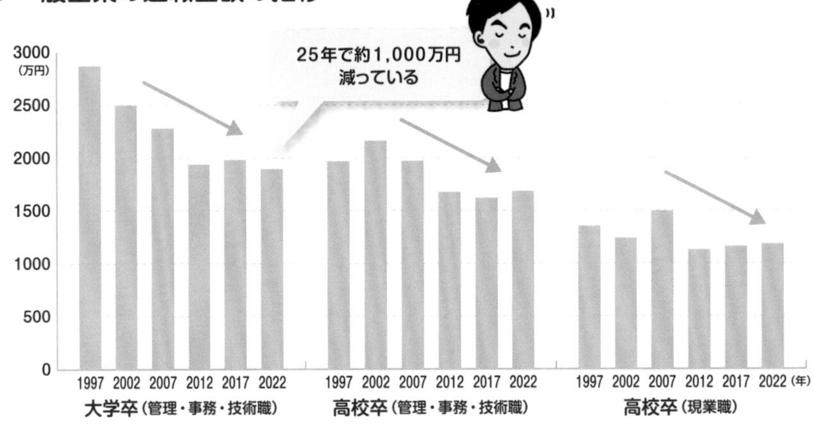

公務員の退職金額の推移(国家公務員)

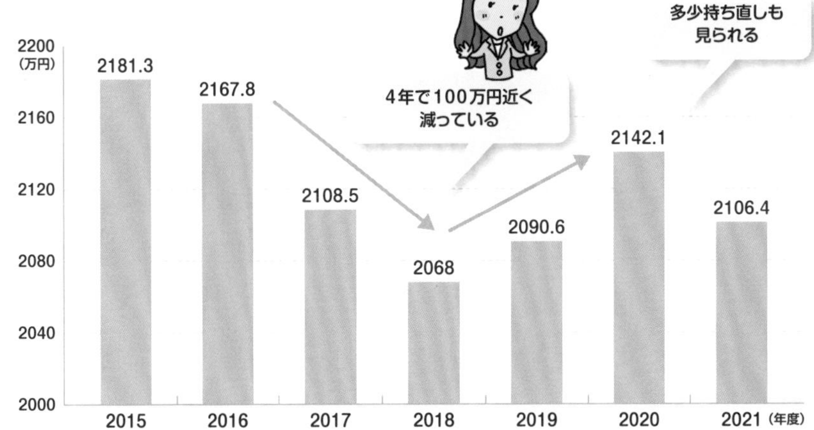

10秒チェック!

今後、退職金の金額はますます減るかもしれませんし、そもそも退職金制度をやめる会社も出てくるかもしれません。自分の退職金がどうなるか、確認しておきましょう。

節約する　増やす

031 1分 minute

退職金は増やせるの?

P86でも紹介したとおり、退職金の額は減少傾向にあります。もっとも、そもそも退職金は支払いが義務付けられているお金でもありません。それに、政府は**リスキリング**(学び直し)を通じて成長分野の人材を増やそうとしています。ひとつの会社で勤め上げて退職金をたくさんもらうという雇用の形態自体が、今後は少なくなっていくかもしれません。

しかし、退職金自体は増やせなくても、**退職金の手取りを増やす方法**はあります。

退職金にも所得税や住民税といった税金がかかりますが、受け取り方を考えて、退職所得控除や公的年金等控除といった控除をうまく活用すると、退職金の手取りを多くすることができます。

また、再就職・再雇用時の契約で給与の一部を退職時の退職金に回して後払いしてもらったり、退職するタイミングを1日ずらしたりするだけでも税額が減り、手取りを増やせます。退職金のほかにiDeCoの資産がある場合も、どちらを先に受け取るかによって手取りが変わるのです。

このように**工夫するかしないかで、退職金の手取りに百万円単位の差がつく**こともありえるのです。ちょっとの違いで損することのないように本書で学び、実践しましょう。

退職金の手取りを増やす方法はある

退職金の手取りの最大化を目指そう！

税金を知る

退職金にかかる税金の仕組みを知ろう（P92）

受け取り方を考える

一時金・年金・併用で退職金額が変わる（P94）

再就職・再雇用時の契約

給与の一部を退職金に回すと手取りが増える（P96）

退職日を検討する

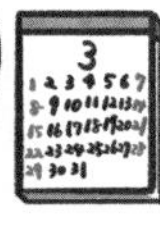

1日ずらすだけでも手取りが増える可能性（P98）

退職金とiDeCoの受け取り方

どちらを先に受け取るかで手取りが変わる（P100、P102）

振り返りポイント

10秒チェック！

工夫次第で退職金の手取りは増やせます。退職金の手取り最大化を目指しましょう。

備える 増やす

032 1分 minute

早期退職はするべき？

早期退職のメリットは一時的なものなんだね

会社が退職者を募り、それに応じた人が退職する早期退職制度（希望退職制度）。大企業の早期退職はしばしばニュースになります。早期退職制度を利用すると、多くの場合、**割増退職金**がもらえるうえ、自己都合ではなく**会社都合**で退職できます。会社都合で退職すると、失業手当（雇用保険の基本手当）が自己都合の退職より有利に受け取れます。

しかし、退職金が多くなるからといって、早期退職に応募するのは考えものです。たとえば、50歳で早期退職して再就職しないとなれば、**50歳から65歳までの無年金期間の生活費**と、**65歳以降の老後資金**が用意できていないと、ゆくゆくは生活に困ることになってしまいます。

また、早期退職したあとに仕事に就かない場合、**老齢厚生年金が減る**デメリットもあります。生涯の平均年収450万円の人が65歳まで働かず50歳で退職・引退した場合、65歳時点で受け取れる年金額より**年約38万円**減ってしまいます。仮にそこから30年生きたとすれば、1,140万円もの差がつきます。

早期退職後の人生設計・キャリアプランがある、十分な老後資金が用意できている、という場合以外は、早期退職を利用せず、働き続けたほうがいいでしょう。

早期退職は魅力かもしれないが……

早期退職に応募しました！
割増退職金であとは悠々自適です！

50歳会社員

本当にそうでしょうか？

50歳で早期退職すると……

22歳	50歳 早期退職	65歳 年金受取時
在職中	仕事なし	
●毎月一定の収入がある ●厚生年金が増える ●社会保険料も会社と折半	●再就職しないと収入がゼロ ●厚生年金は増えない ●自分で社会保険料を納める必要あり	●老後もらえる厚生年金額は50歳までの給与などをもとに計算されるので、働いている場合よりも少ない

早期退職のメリット・デメリット

メリット	● 割増退職金がもらえることが多い ● 「会社都合」の退職になるので失業給付が早く長くもらえる ● 転職、起業にチャレンジしやすい ● 会社が転職支援をしてくれる場合も
デメリット	● 割増退職金で増えた部分も課税対象 ● 割増退職金だけで悠々自適な生活は送れない ● 再就職先が見つからない場合、見つかっても年収が下がる場合は老齢厚生年金が減る

早期退職後の人生設計・
キャリアプランがない人や、
十分な老後資金がない人は、
働き続けるのがベスト！

早期退職で厚生年金はいくら減る？

生涯の平均年収450万円の場合

65歳時点の年金額…年約38万円減少

30年生きたとすると……
年金額は合計約1,140万円減少することに

50歳会社員

早期退職であとは悠々自適……と夢見る方もいるかもしれませんが、現実は甘くありません。生涯にわたってもらえる年金が少なくなってしまうリスクを認識しておきましょう。

節約する　増やす

033 1分 minute

退職金に税金はかかるの？

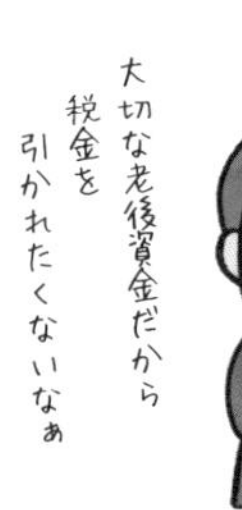
大切な老後資金だから
税金を
引かれたくないなぁ

毎月の給与と同じように、退職金にも所得税と住民税がかかります。退職金にかかる所得税・住民税は、退職金の受け取り方によって金額が変わってきます。

退職金の受け取り方には、大きく分けて**「一時金」「年金」「一時金＆年金」**の３種類があります。

退職金を一時金として一括で受け取るときには**「退職所得」**という所得になります。退職所得は分離課税といって、**他の所得とは区別して課税**されます。退職所得に所定の税率をかけ、控除額を差し引くことで、所得税や住民税の金額を算出します。なお、一時金の場合は**社会保険料の負担がありません。**

退職金を年金で受け取る場合は**「雑所得」**という所得になります。雑所得は、他の所得と合わせての総合課税。雑所得に所定の税率をかけ、控除額を差し引くことで、所得税や住民税の金額を算出します。また、年金で受け取る場合は社会保険料もかかります。

退職金を一時金＆年金で受け取る場合は、**一時金の部分は退職所得、年金の部分は雑所得**として税金を計算します。

退職金にかかる税金

一時金

退職所得は分離課税となり、他の所得とは区別して課税される

退職所得 ＝（退職一時金 － 退職所得控除）×1/2

※勤続年数が5年以下の場合、退職所得が300万円超のときは1/2を適用できない

勤続年数	退職所得控除
20年以下	40万円×勤続年数（80万円に満たない場合には80万円）
20年超	800万円 ＋ 70万円 ×（勤続年数 － 20年）

年金

分割で
受け取る

雑所得となり、他の所得と合わせて総合課税
公的年金等と合わせて一定額までは公的年金等控除が受けられる

公的年金等の雑所得＝年金－公的年金等控除

年金等の収入の合計（A）	公的年金控除	
	65歳未満	65歳以上
130万円以下	60万円	110万円
130万円超～330万円以下	（A）×25%+27.5万円	
330万円超～410万円以下	（A）×25%+27.5万円	
410万円超～770万円以下	（A）×15%+68.5万円	
770万円超～1,000万円以下	（A）×5%+145.5万円	
1,000万円超	195.5万円	

10秒チェック！

退職金には長年働いてきたことのねぎらいの意味があるため、退職所得控除を適用したり、他の所得とは別の計算をしたりして、税金の負担が軽くなるようにしています。

節約する 増やす

034 1分 minute

退職金のお得なもらい方とは？一時金？ 年金？

38年間で2060万円まで控除……これくらいはもらいたいね

退職金を「一時金」「年金」「一時金＆年金」で受け取った場合の手取りはどう違うでしょうか。「2,000万円を一時金で受け取った場合」「2,000万円を年金で受け取った場合」「1,000万円を一時金、1,000万円を年金で受け取った場合」の3パターンのシミュレーション結果が右の表です。

収入の合計が「額面合計」、そこから税金・社会保険料を差し引いた金額が「手取り合計」です。**額面合計が最も多いのは年金受取**ですが、**手取り合計が最も多いのは一時金受取**です。退職所得控除の税優遇が大きいため、手取りを増やしたいならば一時金がいい、というわけです。

退職金の額が退職所得控除より多い場合は、退職所得控除の金額までは一時金で受け取り、残りは年金で受け取る「一時金＆年金」を利用すれば、**退職所得控除も公的年金等控除も活用しながら税金を減らせます**。

一方、「一度に大金を手にすると無駄遣いしてしまいそう」ならば年金受け取りも一案。一定額ずつ振り込まれるので無駄遣いもしにくくなりますし、会社の運用によって額面の総額も増やすことができます。

手取りがもっとも多くなるのは？

前提条件

- 東京都文京区在住、38年間勤続で退職金は2,000万円
- 60歳から64歳までは年収300万円で勤務、協会けんぽに加入
- 公的年金は年180万円
- 退職年金は10年間で受け取る（予定利率1.0%）
- 所得控除は基礎控除、社会保険料控除、所得金額調整控除のみ

● 一時金

額面合計：4,400万円　手取り合計：3,966万円

	収入	額面合計	税金・社会保険料	手取り合計
60歳時	退職一時金2,000万円	2,000万円	なし	2,000万円
60～64歳	給与300万円×5年	1,500万円	5年間合計328万円	1,172万円
65～69歳	公的年金180万円×5年	900万円	5年間合計106万円	794万円

● 年金

額面合計：4,510万円　手取り合計：3,756万円

	収入	額面合計	税金・社会保険料	手取り合計
60～64歳	給与300万円×5年 退職年金211万円×5年	1,500万円 1,055万円	5年間合計426万円	2,129万円
65～69歳	公的年金180万円×5年 退職年金211万円×5年	900万円 1,055万円	5年間合計328万円	1,627万円

● 一時金&年金

額面合計：4,460万円　手取り合計：3,886万円

	収入	額面合計	税金・社会保険料	手取り合計
60歳時	退職一時金1,000万円	1,000万円	なし	1,000万円
60～64歳	給与300万円×5年 退職年金106万円×5年	1,500万円 530万円	5年間合計355万円	1,675万円
65～69歳	公的年金180万円×5年 退職年金106万円×5年	900万円 530万円	5年間合計219万円	1,211万円

手取りの面では一時金がおすすめですが、年金・一時金&年金にもメリットはあります。どう受け取るか、事前によく考えておきましょう。

節約する　増やす

035 1分 minute

もらい方を
変えるだけで
こんなに違うのか！

再雇用・再就職した際の給与の一部を退職金に回すと節税できる

再就職・再雇用されたときに**給与の一部を退職時の退職金に回して後払いしてもらう**と、税金や社会保険料を節約できます。

60歳から65歳までの5年間、月給30万円（年収360万円）で働いた場合と、月給25万円（年収300万円）で働き、毎月5万円を退職金に回した場合を比較すると、5年間の税金・社会保険料の合計は**約56万円も少なくなる**（その分手取りが増える）計算です。

退職金にかかる退職所得控除は、前回利用した時点から**5年空ける**ことで、前回利用時点以降の勤続年数に応じた**退職所得控除が活用**できます。つまり、この例では、60歳時点で活用した退職所得控除とは別に、再就職・再雇用の勤続年数に基づく退職所得控除が活用できます。ただし、**勤続年数が5年以下の場合、「退職所得」が300万円超のときは「2分の1課税」が適用できない**ので注意しましょう。

なお、給与の一部を退職金に回すことで、納めるべき社会保険料が減るため、給与を退職金に回さない場合と比べて、もらえる**老齢厚生年金が若干減る**ことには注意しましょう。

退職金に回す・回さないでどう変わる？

	年収360万円	年収300万円＋退職金300万円
年収	3,600,000	3,000,000
所得税	69,800	52,600
住民税	149,600	115,200
社会保険料	563,760	487,872
手取り	2,816,840	2,344,328
（税＋社会保険料）	783,160	655,672
5年間の税＋社会保険料	3,915,800	3,278,360
退職金にかかる税金	0	75,000
税額合計	3,915,800	3,353,360

税額が56万円も減らせた！

※所得控除は基礎控除、社会保険料控除のみ。復興特別所得税を考慮していない

給与だけの場合

－ 税金 ＝ 手取り

退職金には退職所得控除が使えるので税金が少なくて済む！

給与＋退職金の場合

給与が減る分、税金・社会保険料も少ない

退職金
給与

－ 税金 ＝ 手取り ＋

トータルの手取りが多くなる！

10秒チェック！

この例のように、厚生年金に加入する年収360万円の人が年収300万円に減らして5年働いた場合、将来の厚生年金額は年約1.3万円減る計算です。

節約する　増やす

036 1分 minute

退職日が1日違うだけで損をすることがある!?

たった1日で1年分の控除ってすごいね！

退職金を一時金で受け取るときに利用できる退職所得控除の金額は、勤続年数によって変わります。この勤続年数は**「年未満の端数」を切り上げて計算**します。

たとえば、22歳から60歳まで、38年間にわたって1つの会社に勤めてきた方の場合、退職所得控除は800万円＋70万円×（38年－20年）＝2060万円となります。しかし、退職日を1日のばして**「38年と1日」で退職すれば、勤続年数は「39年」とカウントされます**。そのため、退職所得控除は800万円＋70万円×（39年－20年）＝2130万円となります。勤続年数20年超の退職所得控除の金額は、退職日の**1日の違いで70万円変わる**のです。20年以下で退職した人の場合も同様の考え方で、**1日の違いで40万円変わる**可能性があります。

退職所得控除の金額が退職金よりも多ければ、退職金に税金はかかりません。退職金に税金がかかりそうという人は、会社に退職日をずらせないか相談してみるといいでしょう。

退職所得控除は「1日違い」で変わる

38年

37年●日…　38年●日…

38年　39年

退職所得控除の勤続年数は「年未満切り上げ」なので、
勤続年数が1日違うだけで1年分の違いが生じます

● ちょうど38年で退職

1日長ければ
70万円増えたのか……

退職所得控除

800万円+70万円×（38年−20年）
＝2,060万円まで退職金非課税

● 38年と1日で退職

1日のばしてもらって
よかった！

退職所得控除

800万円+70万円×（39年−20年）
＝2,130万円まで退職金非課税

● ちょうど15年で退職

知らずに
やめちゃった……

退職所得控除

40万円×15年
＝600万円まで退職金非課税

● 15年と1日で退職

「16年」の扱いで
40万円増えた！

退職所得控除

40万円×16年
＝640万円まで退職金非課税

10秒チェック！

会社の規定で退職日がずらせない場合もあります。しかし、もしもずらせれば70万円（40万円）にかかる税金を減らせるのですから、一度会社に聞いてみることをおすすめします。

節約する　増やす

037 1分 minute

iDeCoをお得に受け取るにはどうすればいい？

iDeCoは
自分で積み立てる
年金制度です！

iDeCo（P128）の資産は、原則60歳から75歳までの間に受け取りの手続きを行うことになっています。iDeCoの資産の受け取りも退職金と同様「一時金」「年金」「一時金＆年金」が選べます。

iDeCoの一時金の退職所得控除を計算する場合は、退職金の「勤続年数」の部分をiDeCoの「加入年数」に置き換えます。したがって、**iDeCoの加入年数が長いほど税金を減らす効果が大きくなります。**

ただし、勤続年数と加入年数の期間が重なっている場合は**「長いほう」が採用**されます。たとえば、会社の勤続年数が30年、iDeCoの加入年数が20年の場合は「50年」ではなく「30年」となります。

年金で受け取る場合に公的年金等控除が利用できる点も、退職金と同じです。ただし、iDeCoでは**資産を受け取るたびに給付手数料がかかる**ので注意が必要です。多くの金融機関で1回440円。仮に受取期間を「20年」、年間の支給回数「12回」にすると、手数料の合計は10万5,600円にもなってしまいます。

iDeCoの受け取りルール

iDeCoの退職所得控除の計算式

退職金の「勤続年数」をiDeCoの「加入年数」に置き換え！

加入年数	退職所得控除
20年以下	40万円×加入年数（80万円に満たない場合には80万円）
20年超	800万円 ＋ 70万円 ×（加入年数-20年）

※加入年数の年未満の端数は切り上げ

iDeCoは60歳から75歳の間に受け取り開始

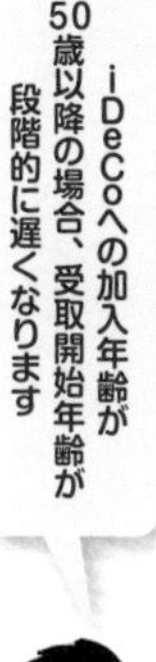
iDeCoへの加入年齢が
50歳以降の場合、受取開始年齢が
段階的に遅くなります

加入年齢	加入期間（50歳〜60歳）	受取開始年齢（60歳〜75歳）
50歳未満	10年以上	60〜75歳
50〜52歳未満	8年以上10年未満	61〜75歳
52〜54歳未満	6年以上8年未満	62〜75歳
54〜56歳未満	4年以上6年未満	63〜75歳
56〜58歳未満	2年以上4年未満	64〜75歳
58〜60歳未満	1か月以上2年未満	65〜75歳
60歳以上	加入←5年経過→	〜75歳

iDeCoの受取方法

例えば、楽天証券の場合、
年金の受取期間は5年以上20年以下の期間で1年刻みで選択。
年間支給回数は1回・2回・3回・4回・6回・12回から選択。
金融機関によって異なりますので、Webサイトでご確認を

資産

一時金

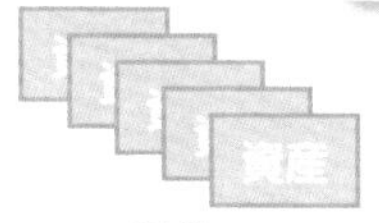
資産

年金

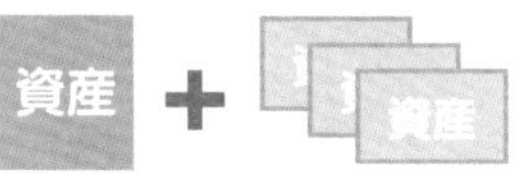
資産
資産

一時金＆年金

10秒チェック！

60歳以上でiDeCoに加入した場合、加入から5年経過後より受け取りを開始できます。たとえ加入期間が短期間でも、掛金の全額所得控除や運用益非課税のメリットは得られます。

振り返りポイント

節約する　増やす

038 1分 minute

必ずかかる税金。
これをどう抑えるか
が重要です

退職金とiDeCoを受け取る場合の戦略は？

退職金とiDeCoを両方とも受け取れる場合には注意が必要です。両方同時に受け取ると、**税金が多くなってしまう**ことがあるからです。

退職金とiDeCoは、どちらを先に受け取るかで退職所得控除の合算の対象となる年数が変わります。「退職金が先」の場合、前年から19年以内に受け取った一時金が退職所得控除の合算の対象です。しかし、**「iDeCoが先」ならば、前年から４年以内に受け取った一時金が退職所得控除の合算の対象**となるのです。つまり、iDeCoを先に受け取って、５年後に退職金を受け取れば、退職金とiDeCo**それぞれの退職所得控除を活用できる**ため、税金を安くできるというわけです。

なお、会社によっては「退職金の支給は60歳」などと決まっている場合もあります。この場合、60歳で退職金をもらい、65歳未満まではiDeCoを続け、**65歳以降にiDeCoの資産を受け取りましょう。**iDeCoの一時金受け取りに退職所得控除が利用できなくても、「２分の１課税」は適用されるため、その分税負担を減らせます。65歳未満までiDeCoの掛金を出すことで毎年の所得税・住民税を減らすことにもつながります。

「iDeCoが先」が有利

● 退職所得控除の合算対象

退職金が先、iDeCoが後	前年以前19年以内に受け取った一時金が退職所得控除の合算対象になる
iDeCoが先、退職金が後	前年以前4年以内に受け取った一時金が退職所得控除の合算対象になる

iDeCoを先に受け取り、5年以上空けてから退職金を受け取るとiDeCoと退職金、それぞれの退職所得控除が使えるので税金を安くすることができます!

条件　勤続年数35年、iDeCo加入年数20年のAさん
●退職金 …2,000万円　●iDeCo…800万円　●合計…2,800万円

ケース①　60歳で退職金とiDeCoの一時金を両方受け取る

退職金　2,000万円
iDeCo　800万円

950万円×1/2=475万円
所得税額は475万円×20%−42万7,500円=52万2,500円
住民税額は475万円×10%=47万5,000円
税額合計　99万7,500円

勤続年数と加入年数の長いほうが採用される　**退職所得控除 1,850万円**

ケース②　60歳でiDeCoの一時金、65歳で退職金を受け取る

60歳時点：iDeCo 800万円（控除額に収まるため非課税で受け取れる）
＞
65歳時点：退職金 2,000万円

150万円×1/2=75万円
所得税額は75万円× 5%=3万7,500円
住民税額は75万円×10%=7万5,000円
税額合計　11万2,500円

5年以上空いているため、退職所得控除が使える!　**退職所得控除 1,850万円**

※復興特別所得税は考慮していません

退職金を65歳で受け取れる場合、iDeCoを60歳で受け取ることを忘れないようにしましょう。

老後のお金に関するコラム

その3

退職所得控除が見直される？

政府は、本章でたびたび紹介してきた退職所得控除の見直しを検討しています。具体的には、「勤続年数が20年超の人の退職所得控除が年70万円ずつ増える」という部分です。

政府は、労働力を成長分野に移動させることを目指しています。しかし、同じ会社に長く勤めるほど退職所得控除が増え、退職金にかかる税金が減るとなれば、転職などで成長分野に移動しようと考える人は減ると考えたわけです。その真偽はともかく、退職所得控除が見直されると勤続年数20年超の人の増税につながります。

仮に、退職所得控除の制度が見直されて、20年超の部分も「年40万円」になると、勤続年数が20年超の方が使える退職所得控除の金額がこれまでより年30万円ずつ減ります。

たとえば、勤続38年の場合、現行制度では退職所得控除が2,060万円です。つまり、退職金が2,060万円もらえても税金がかかりません。しかし、もし20年超も年40万円となれば、退職所得控除が540万円減り、1,520万円になります。このとき、退職金が2,060万円もらえたとすると、退職所得控除との差額540万円の1/2、270万円に対して税金がかかります。

その結果、所得税は270万円×10％－9万7,500円＝17万2,500円、住民税は270万円×10％＝27万円の増税に。税金は合わせて44万2,500円も増えてしまいます。

退職所得控除の見直しは2024年度の税制改正に盛り込まれる可能性があったのですが、報道によると見送りになりました。しかし、2025年度以降の税制改正で再び議論される可能性はあります。退職所得控除がどうなるのか、増税になるのか、今後の動向に注目しましょう。

まだまだ
油断できないな……

第4章

1分でわかる！

老後の資産運用の基本

定年後の資産運用に大事なのは、リスクを抑えながらリターンを得ることです。この章では、株式、不動産、債券、投資信託等、数々の金融商品をリスク、リターンの面から解説します。また手数料、税金等の経費を少なくするノウハウ、資産の取り崩し方についても紹介します。

増やす

039 1分 minute

リスクの大きな投資はしてはいけない？

リスクは状況によって変わるものです……
アァ〜

金融商品を選び、資産配分を決める前に、自分のリスク許容度を知ることが大切です。リスク許容度とは、どのくらいまで損しても耐えられるかをはかる指標です。

金融商品のリスクは誰が買っても同じですが、**リスク許容度は、収入・資産・年齢・投資経験・リスクに対する気持ちなどによって変わります。**よく「年齢が高いとリスク許容度が低い」と言われることがありますが、リスク許容度は年齢だけで決まるものではありません。

仮に寿命が90歳だとすると、60歳時点では30年間資産運用できる期間がありますので、「時間がない」という理由だけではリスク許容度は決まりません。資産が多い、投資経験がある、リスクをとって積極的に投資したいというのであれば、リスク許容度は高くなります。

リスク許容度は高いからいい、低いから悪いというものではありません。あくまで、**自分のリスク許容度を知ること**、そしてその**リスク許容度に合わせた投資先・資産配分を選ぶこと**が大切なのです。

あなたのリスク許容度はどのくらい？

● リスク許容度は人により異なる

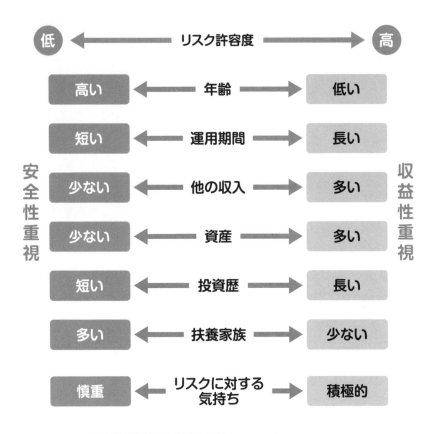

安全性重視	低 ← リスク許容度 → 高	収益性重視
高い	年齢	低い
短い	運用期間	長い
少ない	他の収入	多い
少ない	資産	多い
短い	投資歴	長い
多い	扶養家族	少ない
慎重	リスクに対する気持ち	積極的

客観的にリスク許容度が高くても、
気持ちが「慎重」ならリスク許容度は低くなる

10秒チェック！

投資をする前に、自分と向き合い、自分のリスク許容度を知ること。そのリスク許容度に合わせた投資先・資産配分を決定することが大切です。

増やす

040 1分 minute

金融商品ってなにがあるの？

世の中に
ローリスク・ハイリターンは
あり得ません！

私たちが投資できる金融商品には、さまざまな種類のものがあります。元本が減りづらいことを示す**「安全性」**、利益が出やすいことを示す**「収益性」**、現金に交換しやすいことを示す**「流動性」**の３つのポイントで整理するとわかりやすくなります。この３つのポイントがすべて完璧な金融商品は存在しません。とくに、**安全性と収益性は両立しません**。

また、金融商品ごとにリスクとリターンは異なります。投資の世界のリスクは「リターンの変動幅」という意味です。**リスクを取らなければ高いリターンは得られません**。リスクとリターンは比例の関係にあります。「ローリスク・ハイリターン」という商品は存在しません。

堅実にお金が増える投資をするには、自分のリスク許容度を踏まえつつ、金融商品を複数組み合わせることが大切です。バランスの取れた商品は**投資信託**（→P118）です。

金融商品ごとに特徴が違う

	概要	安全性	収益性	流動性
預金	銀行にお金を預ける普通預金や定期預金などがある	◎	△	◎
株式	企業が発行する株式に投資。値上がり益や配当がもらえる	△	◎	○
債券	国や自治体、企業などにお金を貸す。利息がもらえ、満期にお金が戻る	◎	△	○
不動産	アパートやマンションなどの不動産を購入し、家賃収入や売却益を得る	○	○	△
投資信託	金融機関が投資家から集めたお金をプロがさまざまな資産に投資	○	○	○
金	金（Gold）の現物に投資する。積立投資もできる	◎	△	○
FX	通貨を売買して、為替レートの値動きで利益を狙う	△	◎	○

※◎○△の評価はおおよその相対的な目安です。投資する商品や方法によっても変わります

● リスクとリターンは比例の関係

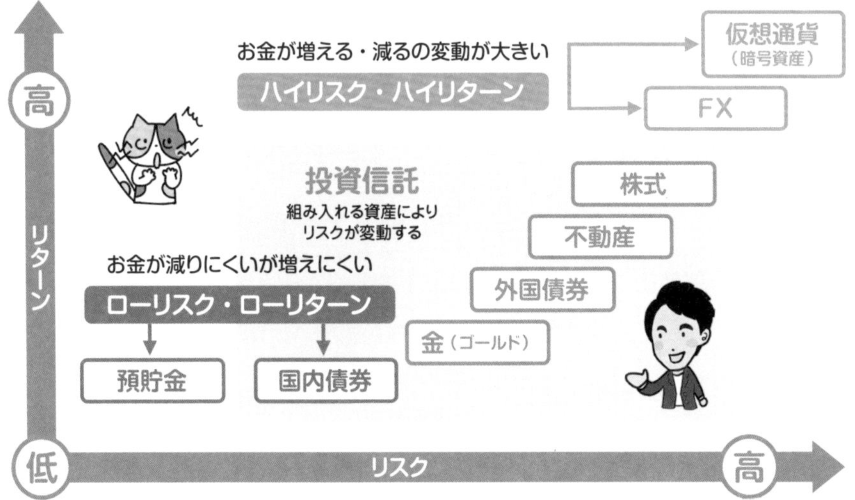

10秒チェック！

安全性・収益性・流動性を鑑みて、自分が一番行いたい投資を決めましょう。世の中に完璧な商品はありません。上手く組み合わせることが資産運用の大事なポイントです。

増やす

041 1分 minute

買ってはいけない金融商品はなに？

投資の中には、お金が確実に減ってしまうものや、定年前後の資産形成には向かないものもあります。

たとえば、**退職金運用プラン**は、定期預金と投資信託やファンドラップ（商品選択や資産配分の決定、投資商品の売買、口座管理などをすべて専門家に任せる商品）をセットにした商品。多くの場合、資産の半分を定期預金に預け、もう半分を投資信託やファンドラップで運用します。一見、定期預金の金利が高くていい商品に見えますが、**投資信託の販売手数料がそれ以上に高く設定されているため、投資した瞬間に損をします**。投資信託の信託報酬（保有中にかかる手数料）も高く、思ったより増えないでしょう。

また、**不動産投資**も「大家さん」になることで安定した家賃収入が得られるのはいいのですが、定年後に不動産を買う場合は、退職金をつぎ込むケースが多いでしょう。すると、元を取るだけで20年、30年と時間がかかってしまいます。不動産投資自体は悪い投資ではないのですが、**投資資金が十分でない中、定年後に行う投資としては不向きです**。

退職金でやってはいけない投資

例

退職金運用プランで
投資信託と定期預金を
1,000万円ずつ利用した場合
※税引前の金額で計算

50% 投資信託 販売手数料3% 1,000万円	50% 定期預金 1,000万円

円定期預金
3か月ものの金利
年7.0%!

年7.0%の金利が3か月受け取れる
=3か月の金利合計は年1.75%!

● 投資信託の販売手数料
1,000万円×3%
=30万円
さらに保有中には
信託報酬がかかる

→買った瞬間に12.5万円の損!

● 3か月で受け取れる金利
1,000万円×1.75%
=17.5万円
金利は最初の満期を
迎えると大幅に下がる

定期預金の金利に
気を取られていると、
投資信託の販売手数料で
確実に損をしてしまいます

● ほかにもこんな投資は危険

「毎月分配型」「隔月分配型」投資信託	運用で利益が出なかった場合は、元本を取り崩して分配金がを支払う、高い手数料を払いながら、元本を取り崩す商品。隔月分配型も同様の理由でNG、低コスト商品が今後登場するのであれば、活用の余地あり
オプション付き投資信託	株式や債券などに投資しつつ、オプション取引を行って利益の上乗せをする「カバードコール型」「レバレッジ型」「通貨選択型」など。仕組みを理解しづらい分リスクが高い。さらに手数料が高い
仕組債	「高利回り」を謳う商品だが、実態はオプション付きであるため、価格変動リスクも高く、値動きで損しやすい上に手数料も高い。定期預金を中途解約して仕組債の購入をすすめられ、多額の損失が発生した紛争事例多数
外貨建て保険	保険料の支払いや保険金の受取りを、米ドルなどの外貨で行う商品。為替レートの値動きで損をする可能性。手数料が高く、解約時に損しやすい
不動産投資	定年後は住宅ローンを組みづらい。現金があれば一括で購入できるが、元を取るのに時間がかかる。万一のときに、現金化するのに時間がかかる

10秒チェック!

退職金が手に入ると、金融機関から退職金の運用を勧められることも。しかし、金融機関のおすすめに安易に乗ると、損をする可能性もあるので注意しましょう。

増やす

042 1分 minute

ポートフォリオってなに？

どこかで
リスクを取ることが
必要なんだね

金融資産にどの割合で投資するかという資産配分のことをポートフォリオと言います。**運用成績の９割は資産配分で決まる**と言われています。そのため、銀行・生損保・年金などの機関投資家は、投資方針や資産配分のルールを厳格に決めて、それに従って投資を行います。たとえば、年金を運用するGPIFは、**約２００兆円もの年金積立金を国内の株式と債券、外国の株式と債券の４つの資産に分けて投資する**ことを基本のポートフォリオにしています。

ポートフォリオのリスクとリターンは、どんな資産を組み入れるかによって変わります。国内債券のような、リスクの少ない資産を多く組み入れていればリスクとリターンも少なくなります。反対に、外国株式を多く組み入れていればリスクとリターンも高くなります。

定年前後のハイリスク・ハイリターンな投資はおすすめしませんが、リスクの少ない商品ばかりではお金は増えません。**自分に合ったリスク・リターンの商品を組み合わせる**ようにしましょう。

ポートフォリオの考え方

● ポートフォリオによってリスクとリターンが変わる

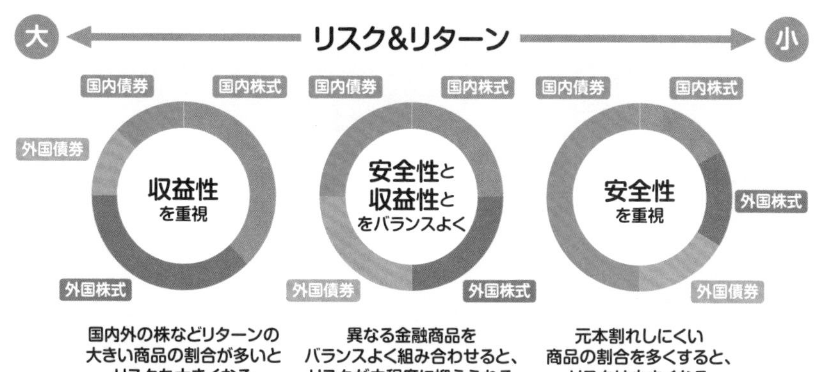

● GPIFのポートフォリオ

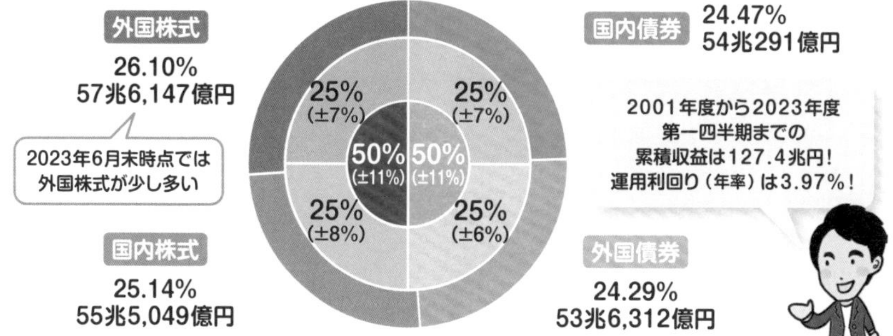

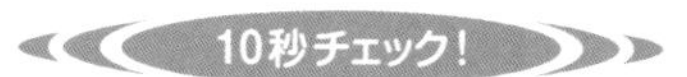

機関投資家は「どの銘柄に投資するか」よりも「どのような資産にお金を配分するか」に時間をかけます。個人の資産配分も同じように時間をかけて決めることが大切です。

増やす

043 1分 minute

長期・積立・分散投資はなぜしなければいけないの？

ゆっくり、ながーくがリスク回避の基本です

長期・積立・分散投資を行う理由は、**リスクを抑えながらリターンを得る**ことを目指すからです。お金を減らさずに増やしていきたいなら、必須の投資方法です。

長期は、長い時間をかけて投資を行うことです。短期間の投資は、タイミングを狙うため、リスクが大きくなってしまいます。しかし、**数十年という長い期間で投資することでリスクを抑える**ことができるうえ、**利息が次の利息を生み出す複利効果**も期待できます。

積立は、一定額ずつコツコツと投資することです。定期的に淡々と投資すると、**価格が高いときには少なく、安いときには多く買う**ことができます。こうすることで、平均の購入単価を下げられます。

分散は、投資先や購入タイミングを分けることです。1つの投資先だけに集中してしまうと、その投資先にもしものことがあった場合に、資産が大きく減ってしまいます。複数の投資先にお金を分散させれば、そのうちの**どれかが値下がりしても損失は大きくなりません**。そのうえ、ほかの資産の**値上がりで損失をカバーできる**可能性もあります。

長期・積立・分散でお金はどのくらい増える？

ドル・コスト平均法とは？

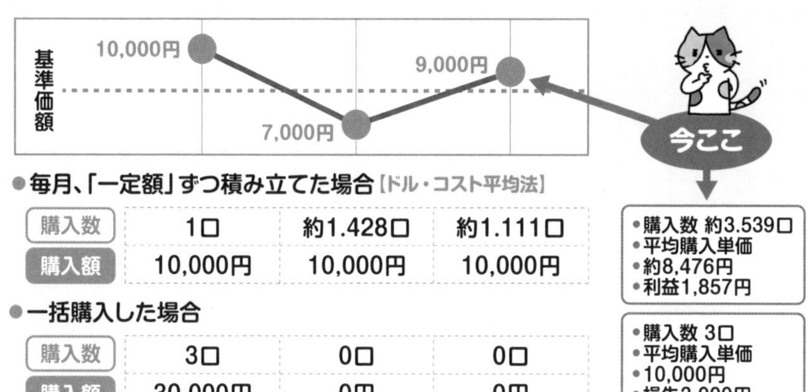

●毎月、「一定額」ずつ積み立てた場合【ドル・コスト平均法】

購入数	1口	約1.428口	約1.111口
購入額	10,000円	10,000円	10,000円

- 購入数 約3.539口
- 平均購入単価
- 約8,476円
- 利益1,857円

●一括購入した場合

購入数	3口	0口	0口
購入額	30,000円	0円	0円

- 購入数 3口
- 平均購入単価
- 10,000円
- 損失3,000円

長期・積立・分散投資の効果

（例）2003年1月～2022年12月の毎月末に主な株式指数に1万円を積立投資した場合

（出所：Bloombergをもとに金融庁作成）　※これは過去の実績をもとにした算出結果であり、将来の投資成果を予測・保証するものではありません。

長期・積立・分散投資は、値動きのある商品とうまく付き合える王道の投資方法。早く始めて、長く続けることが大切です。

節約する　増やす

044 1分 minute

塵も積もれば……とはこのことなんですね

資産運用で忘れがちな「手数料」と「税金」の存在

投資の手数料や税金も、**投資のリターンを左右する重要なコスト**です。

投資をすると、所定の手数料がかかります。どんな手数料がいくらかかるかは、投資先の商品により異なります。たとえば投資信託ならば、買うときに「購入時手数料（販売手数料）」、保有中に「信託報酬」、売るときに「信託財産留保額」という手数料がかかります。購入時手数料と信託財産留保額は1回限りですし、かからないものもありますが、**信託報酬は保有中ずっとかかりつづける**ため、保有期間が長くなると少しの違いが大きな差となります。

また、預貯金・株式・債券・投資信託・FXの利益や外貨預金の利息には**他の所得関係なしに20.315％の税金がかかります**（源泉分離課税）。不動産投資・仮想通貨などの利益や外貨預金の為替差益は**ほかの所得と合算したうえで課税されます**（総合課税）。総合課税では**最大で所得税が45％**（住民税率は所得税率にかかわらず一律10％）もの税金がかかります。NISAやiDeCoを利用すると、投資の利益にかかる税金をゼロにすることができます。

コストが変わるとリターンはどう変わる？

信託報酬の違い

運用利回り3%の投資信託に毎月3万円の積立をした場合 ※税金は考慮せず、複利計算

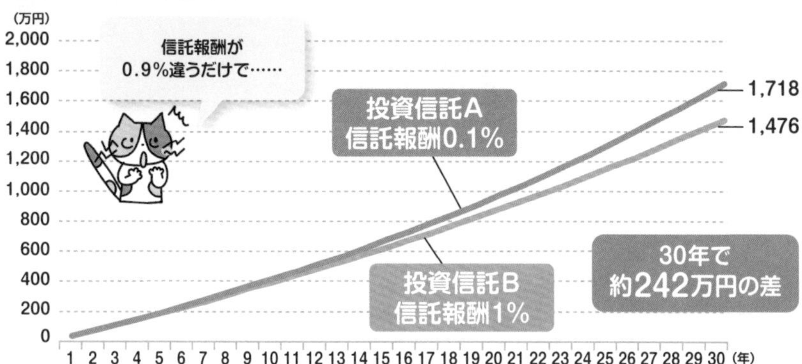

税金ある・なしの違い

運用利回り3%の商品に毎月3万円の積立をした場合

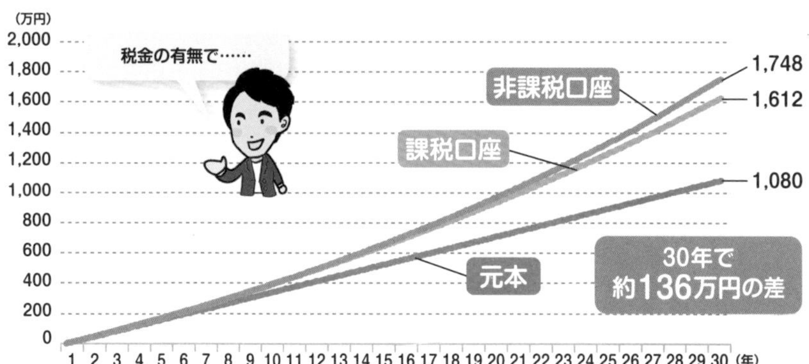

投資信託や株などの手数料は金融機関によって異なります。手数料が低い金融機関を選ぶこと、税金がかからない制度を使うことが大切です。

増やす

045 1分 minute

投資信託ってなに？

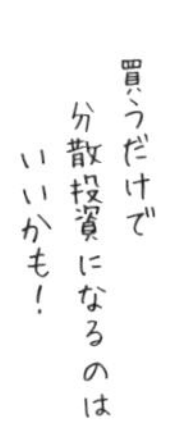

買うだけで
分散投資になるのは
いいかも！

投資信託は、**自分の代わりに投資のプロがお金を運用してくれる商品**です。値段（基準価額）が上がれば値上がり益が得られるほか、保有中に分配金が得られるものもあります。

私たちが購入できる投資信託は6,000本以上存在します。多くの投資信託は、株・債券・不動産などの資産に投資しています。具体的な投資先や投資の割合は、投資信託ごとに異なります。投資信託はたくさんの投資先に投資しているので、**1本買うだけで分散投資**ができます。もちろん、プロが運用するからといって必ず儲かるわけではありませんが、コアサテライト戦略のコア資産のメインとして活用したい金融商品です。

投資信託は、組み入れている資産によって、**リスクとリターンが変わります**。国内の資産より外国の資産に投資する商品のほうがハイリスク・ハイリターン。また、債券よりも不動産、不動産よりも株式に投資する商品のほうがハイリスク・ハイリターンです。

投資信託とは？ リスクはどうなっている？

● 投資信託のイメージ

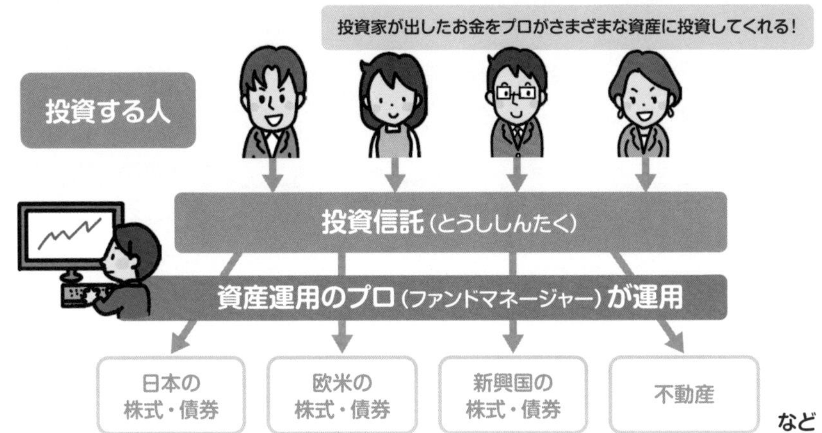

● 投資信託のリスクとリターン

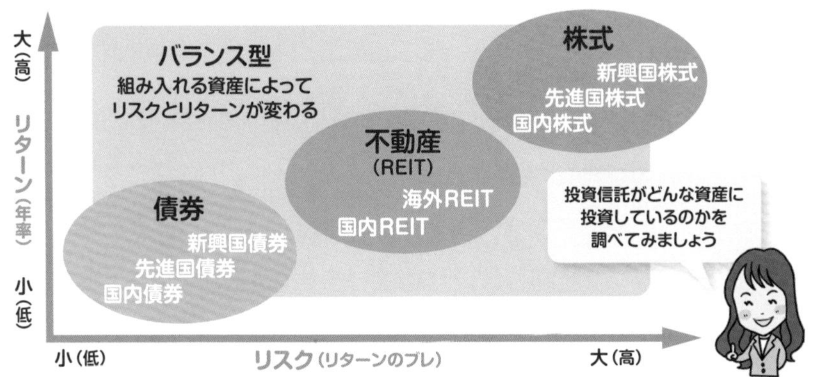

10秒チェック！

バランス型の投資信託は、たとえば「国内外の株式と債券」などと、複数の地域・資産に投資している投資信託です。P113で紹介したGPIFも、バランス型運用をしています。

増やす

プロに任せたら運用成績は違う!?

046 1分 minute

インデックス型とアクティブ型ってどう違う?

投資信託の商品は、運用方法の違いによって2種類に分けられます。

1つは**インデックス型**。目標とする指標(ベンチマーク)と同じような値動きをするように作られる商品です。たとえば、ベンチマークが日経平均株価であれば、日経平均株価の計算に使われる銘柄の大部分を組み入れて、**値動きが日経平均株価に連動するように運用**します。

もうひとつは**アクティブ型**。こちらは、ベンチマークを上回ることや、ベンチマークを設けずに利益を追求することを目指す商品です。ベンチマークを上回るには、**ベンチマークよりも値上がりする資産を組み入れたり、売買タイミングを図らなければなりません**。そのために、ファンドマネージャーが調査・研究を重ねて、これぞというものを選んで運用するのです。

実は、**インデックス型のほうが成績はよいケースが多い**のが現実です。投資先がほぼ機械的に決まるインデックス型は、手数料(信託報酬)が非常に安く設定されています。一方、アクティブ型は投資先選びにかかる手間が信託報酬に上乗せされ、利益を伸ばしにくいのです。

アクティブ型よりインデックス型

● インデックス型とアクティブ型の違い

	インデックス型	アクティブ型
運用手法	指数と連動した値動きを目指す	指数を上回る運用成果を目指す
値動きのイメージ	インデックスファンド / 指数	アクティブファンド / 指数
コスト（信託報酬）	低い	高い

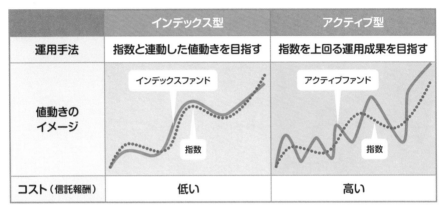

● インデックス型に勝てないアクティブ型

市場平均に勝てなかったアクティブ型ファンドの割合（%）

運用期間	1年	3年	5年	10年
日本の大型株ファンド	83.4	81.9	93.1	84.6
日本の中小型株ファンド	48.5	61.0	53.8	47.0
米国株式ファンド	80.3	83.0	93.9	90.5
新興国株式ファンド	67.1	82.7	86.9	100.0

（「SPIVA® 日本スコアカード」2023年中期版より作成）

運用期間10年で見ると、
日本の中小型株ファンドの約半分、
日本の大型株・米国株・新興国株ファンドの大多数は
市場平均に勝てていません。
インデックス型を選ぶのが無難です

運用のプロであっても市場平均を上回ることはなかなか難しいのが現状。コストも考慮すると、なおさらインデックス型を選んだほうが無難です。

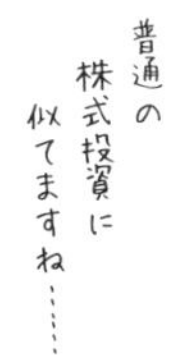

047 1分 minute ETFと投資信託の違いってなに？

ETF（上場投資信託）は、**証券取引所に上場している投資信託**です。投資信託と違って、市場が開いている間はリアルタイムで価格が変動し、株式と同じように注文を出して売買することができます。ETFの多くはインデックス型で、S&P500やTOPIXなどといった指数と連動することを目指しています。ETFの信託報酬にあたる経費率は投資信託より安いものが多く、手軽な分散投資に向いています。

投資信託のなかには、**ETFに投資する投資信託**もあります。たとえば「SBI・V・全米株式インデックス・ファンド」は、投資信託を通じてバンガード・トータル・ストック・マーケットETF（VTI）に投資します。信託報酬は0.0938％と、投資信託としてはとても安いのですが、VTIの経費率は0.03％と、さらに安くなっています。

ただ、ETFにも「売買時・運用中にコストがかかる」「iDeCoは対象外・つみたてNISA（つみたて投資枠）は本数が少ない」「自動積立できる証券会社が少ない」「分配金が自動的に再投資されない※」といったデメリットも。**まずはiDeCoやつみたてNISA（つみたて投資枠）を活用し、さらに投資できる場合にETFを検討するのがおすすめです。**

※本稿執筆時点ではマネックス証券のみ可能

インデックスファンドとETFの違い

● インデックスファンドとETFの違い

	インデックスファンド	ETF
販売会社	証券会社、銀行など	証券会社
取引価格	1日1回算出される基準価額	市場価格
取引可能時間	販売会社が決める時間	取引所立会時間（リアルタイム）
発注方法	成行／指値はできない	成行／指値
購入時手数料	かからないもの （ノーロードファンド）が多い	かかる
信託報酬	ETFより高め	インデックスファンドより安め
最低購入金額	100円から	取引価格×1取引単位 通常は1～10万円程度
分配金の 自動再投資	あり	なし※1

● インデックスファンドとETFの商品の例

	SBI・V・ 全米株式インデックス・ファンド	バンガード・トータル・ ストック・マーケットETF（VTI）
取引単位	100円以上1円単位	1口単位（約31,000円）
取引価格	1日1回算出される基準価額	リアルタイムの市場価格
取引通貨	円	円、米ドル
信託報酬（経費率）	0.938%	0.03%
つみたてNISA・ iDeCo※2	投資可能	投資できない
一般NISA※2	投資可能	投資可能

※1 本稿執筆時点ではマネックス証券のみ可能　※2 2024年新NISA改正によりつみたてNISA→つみたて投資枠、一般NISA→成長投資枠
（2023年10月31日時点）

ETFはiDeCoやつみたてNISA（つみたて投資枠）を活用し、さらに投資できる人におすすめ。自分で売買タイミングを計って売買したい人や、手数料の低い海外ETFに投資したい人にもおすすめです。

増やす

048 1分 minute

投資信託・ETFを選ぶポイントを教えて！

どっちもまずは規模の大きいものを選ぶことだね！

インデックス型・バランス型の投資信託は、純資産総額と基準価額が中長期的に右肩上がりで増えているか、資金流入が堅調かどうかを確認しましょう。信託報酬はできるだけ安いもの、目安としては0.3％未満のものを選びます。また、**指標の市場カバー率はなるべく高いもの、市場全体をカバーできるもの**のほうが、分散投資の効果が高まります。

ETFの選び方のポイントも投資信託と同様です。インデックス型の投資信託よりも、コストを抑えて投資ができるものが揃っているので、**経費率がなるべく低いETF**を選ぶのがおすすめです。純資産総額や出来高も**一定以上の規模があること**をチェックします。高配当株や連続増配株に幅広く投資するETFもありますので、これらを活用すれば手軽に分散投資が可能です。

純資産残高や出来高が小さいと、**途中で運用を中止する繰上償還**が行われる可能性も。また、繰上償還まではいかなくても、市場で効率的に投資ができず、思うような利益が得にくくなってしまう可能性もあります。

投資信託・ETF選びのチェックポイント

金融機関のウェブサイトに情報が
まとまっているのでチェックしてみましょう

投資信託のチェックポイント

❶純資産総額	多いほどいい（50億円以上）
❷資金流出入	資金流入が続いているといい
❸信託報酬	低いほどいい（0.3%未満）
❹指標の市場カバー率	高いほど分散投資効果は高い
❺シャープレシオ （リスクに見合ったリターンを得られたかを表す指標）	値が高いほどいい
❻トラッキングエラー （ベンチマークと実際の値動きの差）	値が小さいほどいい

主な指標の投資先と市場カバー率

- 全世界株式型
  FTSE Global All Cap：世界49か国、約9,500銘柄で構成。世界株式市場カバー率98％
  MSCI ACWI：世界47か国、約3,000銘柄で構成。世界株式市場カバー率85％

- 米国株式型
  CRSP US Total Market：米国の大中小型株約4,000銘柄で構成。米国株式市場カバー率100％
  S&P500：ニューヨーク・ナスダック両証券取引所のトップ500銘柄で構成。米国株式市場カバー率80％
  NASDAQ100：積極的に研究開発を行う100銘柄で構成。米国株式市場カバー率35％

ETFのチェックポイント

①経費率	低いほどいい（0.03～0.2%程度）
②純資産総額	多いほどいい（50億円以上）
③出来高	多いほどいい（3万口以上）

損失（含み損）を抱えているときに繰上償還になると、損失が強制的に確定することに。純資産総額や資金流出入の推移を確認しましょう。

049 1分 おすすめの投資信託・ETFはどれ？

リスク許容度に合わせて選びましょう！

● 投資信託

4資産均等型

ニッセイ・インデックスバランスファンド（4資産均等型）

各投資対象資産の指数を均等に25%ずつ組み合わせたベンチマークへの連動を目指す

つみたて投資枠	成長投資枠	iDeCo

純資産総額	373億円
基準価額	1万6,020円
信託報酬	0.154%
トータルリターン（年率）	1年：10.26% 3年：8.91% 5年：7.21%

8資産均等型

eMAXIS Slimバランス（8資産均等型）

各投資対象資産の指数を均等比率で組み合わせた合成ベンチマークへの連動を目指す

つみたて投資枠	成長投資枠	iDeCo

純資産総額	2,270億円
基準価額	1万4,812円
信託報酬	0.143%
トータルリターン（年率）	1年：8.13% 3年：9.34% 5年：6.97%

米国株全体

SBI・V・全米株式インデックス・ファンド

米国株式市場全体の動きを捉えることを目標とするベンチマークへの連動を目指す

つみたて投資枠	成長投資枠	iDeCo

純資産総額	1,952億円
基準価額	1万3,564円
信託報酬	0.0938%
トータルリターン（年率）	1年：7.54% 3年：— 5年：—

全世界株

eMAXIS Slim 全世界株式（オール・カントリー）

世界株式市場全体の動きを捉えることを目標とするベンチマークへの連動を目指す

つみたて投資枠	成長投資枠	iDeCo

純資産総額	1兆6,168億円
基準価額	2万202円
信託報酬	0.05775%
トータルリターン（年率）	1年：16.75% 3年：18.50% 5年：13.91%

※2023年11月8日時点。ETFのトータルリターンはドルベース

ETF

全世界株

バンガード・トータル・ワールド・ストックETF（VT）

世界中の株式に投資したのと同様の効果が期待できる

つみたて投資枠	成長投資枠	iDeCo

純資産総額	285億ドル
価格	94.28ドル
経費率	0.07%
直近配当利回り	1.72%
トータルリターン（年率）	3年：6.77% 5年：7.58% 10年：6.98%

米国株

バンガード・トータル・ストック・マーケットETF（VTI）

米国株式市場全体の動きを捉えることを目指すベンチマークへの連動を目指す

つみたて投資枠	成長投資枠	iDeCo

純資産総額	3,116億ドル
価格	216.14ドル
経費率	0.03%
直近配当利回り	1.48%
トータルリターン（年率）	3年：9.04% 5年：10.17% 10年：10.46%

米国株（ナスダック100）

インベスコ・QQQ・トラストシリーズETF（QQQ）

ナスダックに上場する、積極的に研究開発を行う革新企業100銘柄に投資

つみたて投資枠	成長投資枠	iDeCo

純資産総額	2,064億ドル
価格	372.70ドル
経費率	0.20%
直近配当利回り	0.57%
トータルリターン（年率）	3年：9.88% 5年：16.43% 10年：16.57%

米国増配株

バンガード・米国増配株式ETF（VIG）

大型株で連続10年以上増配実績のある約300銘柄で構成

つみたて投資枠	成長投資枠	iDeCo

純資産総額	678億ドル
価格	157.91ドル
経費率	0.06%
直近配当利回り	1.95%
トータルリターン（年率）	3年：8.82% 5年：10.18% 10年：9.93%

節約する　備える　増やす

050 1 minute 分

最近よく聞く iDeCoって どういう制度？

iDeCoは、毎月一定の掛金を自分で支払って運用し、運用の結果を60歳以降に受け取る制度です。

iDeCoでは、毎月支払う掛金が**全額所得控除**になるため、所得税や住民税が減らせます。そのうえ、運用で得られた利益にかかる税金が**非課税**に。さらに、受け取るときには**「退職所得控除」「公的年金等控除」という所得控除の対象**になるため、税金の負担を減らすことができます。

iDeCoの掛金は毎月5,000円からで、掛金の上限は働き方や企業年金の有無で変わります。会社員・公務員、国民年金の任意加入者は**65歳未満まで加入して掛金を出すことができます**（それ以外の方は60歳まで）。

50代からiDeCoを始めても遅すぎることはありません。最長65歳まで積み立てることで所得控除が受けられます。さらに、一時金受け取りなら75歳、年金受け取りなら95歳（75歳時点で20年の年金受け取りを選択）とすることで運用益も非課税にできます。

節税しながら老後資金を用意できるiDeCo

iDeCoの全体像

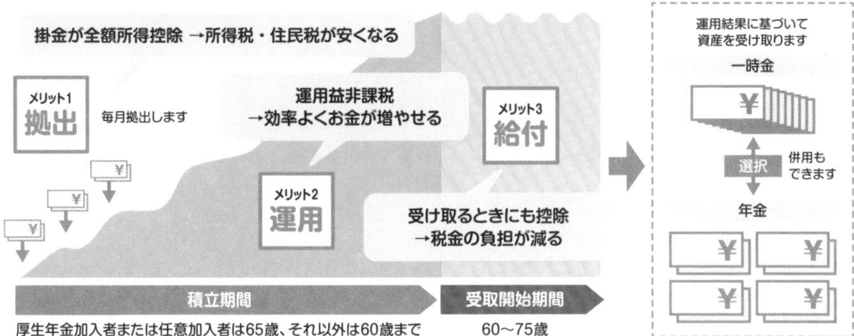

iDeCoの掛金上限額は人により異なる

最低5,000円から
1,000円単位で積立可能

自営業者・フリーランス・学生
（国民年金第１号被保険者）
月額 6万8,000円
年額 81万6,000円

公務員
（国民年金第２号被保険者）
月額 1万2,000円※
年額 14万4,000円

専業主婦（主夫）
（国民年金第３号被保険者）
月額 2万3,000円
年額 27万6,000円

会社員
（国民年金第２号被保険者）

企業年金なし
月額 2万3,000円
年額 27万6,000円

企業型確定拠出年金のみ
月額 2万円
年額 24万円

確定給付型企業年金あり
月額 1万2,000円※
年額 14万4,000円

※2024年12月より月額2万円・年額24万円になる予定

iDeCoのメリットは、積立時・運用時・受取時の３つのタイミングで税制優遇が受けられることです。また、運用によってお金が増えていれば、その分老後資金をたくさん受け取れます。

節約する　増やす

051 1分 minute

そもそもNISAってなに？

税金をかけないことで
投資意欲を高める
制度かぁ

NISA（少額投資非課税制度）は、**投資で得られた利益（運用益）にかかる20.315％の税金をゼロにできる制度**です。たとえば、投資で100万円の利益があった場合、通常なら約20万円の税金が引かれますが、NISAを使えば100万円が丸ごと受け取れます。なお、2023年時点では一般NISA・つみたてNISA・ジュニアNISAの3つがありますが、**2024年からは新しい制度**に変わります（P132）。

NISAは非課税の分だけ効率よくお金が増やせる制度ではありますが、**損益通算や繰越控除ができない点には要注意。**損益通算とは、複数の口座の利益と損失を相殺して税金を計算することです。たとえば、課税口座（特定口座など）では利益、NISA口座では損失があったときに、損益通算して税金を安くすることはできません。また、損益通算で引ききれなかった損失を3年間にわたって繰り越して差し引くことができる繰越控除もできません。

NISAのメリットと注意点

運用益が非課税になるNISA

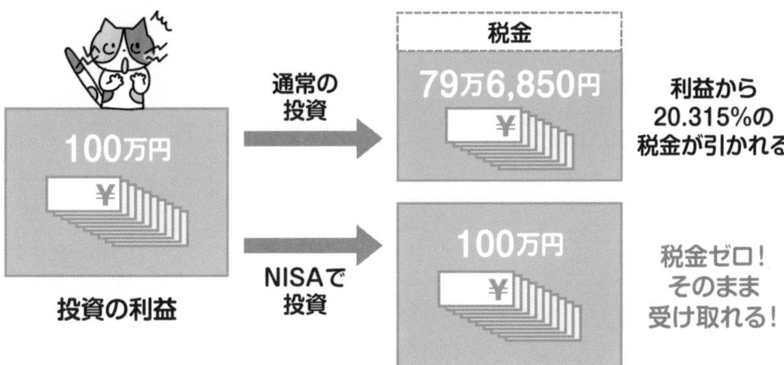

利益から
20.315%の
税金が引かれる

税金ゼロ！
そのまま
受け取れる！

損益通算や繰越控除はできない

損益通算	複数の口座の利益と損失を相殺して税金を計算すること
繰越控除	損益通算で引ききれなかった損失を最大3年間繰り越すこと

NISAでは
対象外！

例

課税口座	30万円の利益
NISA口座	40万円の損失

損益通算ができないので
30万円の利益に対して20.315%の税金がかかる
税額…6万945円

（もし損益通算ができたら ……）
利益30万円−損失40万円=−10万円
この年の税金はゼロ、繰越控除で−10万円が繰り越せる

NISAでは、利益がなかったものとみなされますが、損失もなかったものとみなされる仕組みとなっています

20.315%の税金を非課税にできるNISAは是非とも利用したいところ。ただし、NISAでは損益通算や繰越控除ができない点には注意しましょう。

節約する　増やす

052 1分 minute

2024年から新NISAが始まる

これはお得な改正です。投資意欲が湧きますね！

2024年から始まる新NISAは、制度が恒久化され、非課税保有期間も無制限になりました。そのうえ、2023年までのNISAよりも**非課税で投資できる金額が増加**。つみたてNISA同様に積立投資ができる**「つみたて投資枠」で年120万円**、一般NISA同様に株式やETFなどにも投資できる**「成長投資枠」で年240万円**、合わせて**年360万円**まで投資できるようになります。以前のつみたてNISAと一般NISAは併用できませんでしたが、新NISAのつみたて投資枠と成長投資枠は併用ができます。

新たに設けられた**生涯投資枠**は、生涯にわたる非課税限度額です。生涯投資枠の上限は1,800万円（うち成長投資枠は1,200万円）。1,800万円すべてつみたて投資枠で投資することも可能です。

新NISAでも商品の売却はいつでもできます。売却して生涯投資枠に空きが出た場合、翌年に復活します。生涯投資枠の復活は元本ベース。元本500万円が1,000万円になったので売却したという場合、翌年に復活する生涯投資枠は500万円です。ただし、生涯投資枠に空きがあっても、年間で投資できる金額は**360万円まで**です。

2024年からの新NISA

新NISAの概要

	つみたて投資枠	成長投資枠
対象年齢	18歳以上	
投資可能期間	2024年からいつでも（恒久化）	
非課税期間	無期限	
年間投資枠	120万円	240万円
生涯投資上限	買付残高1,800万円（うち成長投資枠1,200万円）	
投資商品	国が定めた基準を満たす投資信託・ETF（約260本）	上場株式・ETF・投資信託（投資信託は約2,000本） ※ 整理・監理銘柄、信託期間20年未満、高レバレッジ型・毎月分配型の投資信託等を除外
投資方法	積立	一括・積立
両制度の併用	可	
売却枠の再利用	可（投資元本ベースの管理、枠復活は翌年）	

生涯投資枠は売却の翌年に復活する

5年で1,800万円投資して全部売却した場合、6年目に生涯投資枠が復活しますが、新たに投資できるのは年間360万円までです

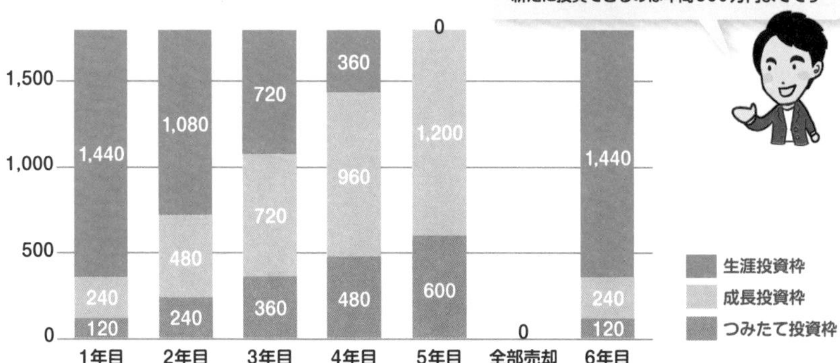

新NISAは「神改正」と呼ばれるほど使い勝手のいい制度に！非課税期間が無制限なので、定年前後の運用や資産の取り崩しに活用しやすくなりました。

節約する　増やす

053 1分 minute

NISA・iDeCoのおすすめの金融機関は？

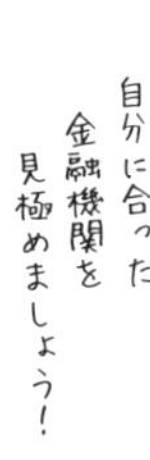

NISAもiDeCoも原則として**1人1口座**。後から変更もできますが、手間も時間もかかりますので、はじめからよく選んで口座開設しましょう。

つみたてNISA・つみたて投資枠で購入できる商品は**金融機関により異なります**。ネット証券ではその大部分を扱っているのに対し、店舗の銀行や証券会社では数本に絞り込んでいることもあります。ネット証券のほうが目的の商品を見つけやすいでしょう。

iDeCoは、どの金融機関でも加入時の口座開設手数料（2,829円）と運用中の手数料（毎月171円）がかかります。さらに、金融機関によっては月数百円程度の運営管理手数料もかかる場合があります。運営管理手数料が無料か、有料でも**なるべく安い金融機関を選びましょう**。

わからないことが出てきた場合に質問しやすいかも確認しましょう。コールセンターが平日だけでなく土日も対応している、店舗があるなどの金融機関であれば、疑問も解消しやすいでしょう。

NISA・iDeCoおすすめ金融機関

つみたてNISA・つみたて投資枠

商品数多　　商品数少

欲しい商品が買えるかチェック

iDeCo

【加入時】
口座管理手数料（2,829円）　必ずかかる

【運用中】
収納手数料・事務委託手数料（月171円）　必ずかかる
運営管理手数料（月0～数百円）金融機関により異なる

運営管理手数料が無料（安い）かチェック

● おすすめ金融機関

	NISA つみたて投資枠		iDeCo	特典	クレカ積立	コールセンター
	取扱い商品数	最低投資金額	運営管理手数料			
SBI証券	210本	100円	無料	Tポイント Vポイント Pontaポイント dポイント JALのマイル	三井住友カード 還元率 0.5～5%	【NISA】 8時～17時（平日） 9時～17時（土日） 【iDeCo】 8時～17時（平日・土日）
楽天証券	203本	100円	無料	楽天ポイント	楽天カード 還元率 0.5～1%	【NISA】 8時30分～17時（平日） 9時～17時（土日） 【iDeCo】 10時～19時（平日） 9時～17時（土日祝）
マネックス証券	199本	100円	無料	マネックスポイント	マネックスカード 還元率 1.1%	【NISA】 8時～17時（平日） 【iDeCo】 9時～20時（平日） 9時～17時（土）
イオン銀行	20本	1,000円	無料	イオン銀行スコア	なし	【NISA】 9時～18時（年中無休） 【iDeCo】 9時～21時（平日） 9時～17時（土日）
ろうきん（労働金庫）	13本	5,000円	月310円（年3,720円）	キャンペーン時のみ ギフトカード	なし	【NISA】 9時～18時（平日） 【iDeCo】 9時～19時（平日）

※年末年始など例外あり（2023年11月1日時点）

NISA・iDeCoの利用は長期にわたります。いわば、一生涯の付き合いとなる金融機関は慎重に選びたいところ。途中で金融機関を変更することは可能ですが、変更の手間がかかります。自分に合った金融機関を選びましょう。

貯める　増やす

054 1分 minute

安全資産の運用先「個人向け国債」、「退職専用定期」

銀行の普通預金に退職金を預けるよりも利率が高く、安全性も高いのが**個人向け国債**です。個人向け国債は、国がお金を借りるときに発行する債券（国債）を個人でも買いやすくした商品。毎年一定の利息（支払いは年2回）が受け取れ、満期になると全額返ってきます。

おすすめは変動金利で満期が10年の**「変動10年」**。たとえば2023年11月に募集された変動10年の初回の適用利率は年0.60％でした。しかも、**半年ごとに金利が見直されることで金利が上昇する**可能性もありますし、下落しても0.05％よりは下がりません。

また、一部の銀行が用意している**退職金専用定期**ならば期間限定ながら**普通預金よりも高い金利**を受け取れます。ただ、退職金専用定期で高い金利の利息が受け取れるのは最初の1回のみで、数か月などと短い期間で満期を迎えてしまいます。2回目以降は金利が下がります。

お住まいの地域の複数の銀行に退職金専用定期があるなら、乗り換えができる可能性があります。**うまく乗り換えをすることで高い金利を得られないか**確認してみましょう。

個人向け国債と退職金専用定期

個人向け国債の種類

	変動10年	固定5年	固定3年
満期	10年	5年	3年
金利	変動金利	固定金利	固定金利
最低金利	0.05%（税引前）		
利子の受け取り	半年に1度（年2回）もらえる		
取引価格	最低1万円から1万円単位		
中途換金	発行後1年経過すればいつでも可能。直近2回の金利が差し引かれる		

毎月発行されています。
変動10年は金利が年0.6%まで上昇。
今後も上昇する可能性はあるにゃん

退職金専用定期の例

金融機関	サービス名	預入期間	金利（税引前）	最低預入金額
三菱UFJ信託銀行	ご退職者特別プラン（定期預金コース）	3か月	1.0%	1,000万円
三井住友信託銀行	退職金特別プラン	3か月	0.9%	500万円
横浜銀行	退職金専用プラン（クラブアンカーコース）	3か月	0.5%	50万円

2023年11月1日時点（上記は定期預金のみ。投資信託等のセット商品は除く）

条件を満たすと、高い金利で退職金を預けられます。
このほか地銀でも取り扱っているので、
お近くの銀行にあるか確認しましょう

乗り換えも検討（イメージ）

退職金専用定期①
退職後6か月以内預入
3か月もの・金利◯%

→ 退職金専用定期②
退職後1年以内預入
2か月もの・金利◯%

→ 退職金専用定期③
退職後2年以内預入
1か月もの・金利◯%

退職後の預入期限が短いものから順に退職金を預けて乗り換えることで
高い金利を受け取り続けることができる！

退職金が主な老後資金になる場合は、退職金の半分は安全資産にしましょう。残りの半分を運用する場合も、一度に全額投資するのではなく、金額や購入のタイミングを分散させます。退職金の運用はリスクを減らして行いましょう。

055 1分 minute

株式投資の銘柄はなにを見て選ぶ？

株の売買を始めると
社会の見方が
変わります！

株式投資というと、デイトレーダーのように日々の値動きに合わせて売買するイメージがある方もいるかもしれません。しかし、目先の値動きにとらわれる必要はありません。**株は、長期的な視点で選ぶこと**が大切です。

値上がりする銘柄は、人々の生活を豊かにしています。**消費者目線を持ち、付加価値の高い商品やサービスを提供しています。**また、**10年後、20年後も必要とされるビジネス**をしているのも特徴。たとえば、健康・ヘルスケア・美容・農業などの分野は、今後も需要がなくなることが考えにくい、有望な分野です。

他社にはない**オンリーワンの強みのある銘柄**は、それが成長エンジンとなって値上がりが期待できます。**研究開発・設備投資・人材育成・M&Aに注力している会社**も、将来の成長に期待が持てます。

投資先の候補は、身の回りから見つかることもあります。**広告や新商品、自分と違う世代で流行っているもの**にも、株式投資のヒントがあるかもしれません。

株の銘柄選び４つの視点

人々の生活を豊かにしているか

消費者目線にたった役に立つ商品やサービス、付加価値の高い商品やサービスを提供し続けている銘柄は有望。身近なところで見つかることも

10年後、20年後も必要な事業をしているか

日本（世界）が直面している長期的な課題を解決しようとしている会社は有望。人口増、温暖化、医療機器、美容、健康、介護などチェック

会社ならではの強みがあるか

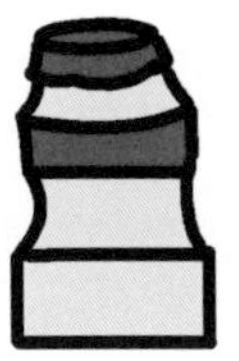

たとえばヤクルトなら乳酸菌飲料、サンリオならキティちゃんなどのキャラクターという具合に、オンリーワンの強みがある会社は強い

成長・進化し続けるDNAがあるか

研究開発・設備投資・人材投資・M&Aなど、将来のために毎年投資している会社は、一時的に業績が悪化しても成長の継続が期待できる

10秒チェック！

目先の値動きにとらわれず、長期的な視点をもって株を購入することが大切です。

056 1分 minute

会社四季報で値上がりする銘柄を探そう！

会社の力を「見える化」しているのが四季報だよ

四季報

会社四季報は、東洋経済新報社が年に4回、3月・6月・9月・12月の中旬に刊行している**「投資家のバイブル」**ともいわれる書籍です。国内の上場企業の業績や財務状況、株価の推移などが網羅されています。値上がりする銘柄は、**会社四季報を使って探しましょう。**

まずは記事欄の見出しをチェックしましょう。**「最高益」「最高純益」「高水準」**とある銘柄は好業績である（期待される）ことを表します。

記事の根拠となっている、**過去5期分と予想2期分の売上高と営業利益の推移**は必ず確認しましょう。両方とも右肩上がりの企業は堅調な成長が見込めますし、市場全体の暴落があった際にもいち早く立ち直る期待ができます。

すべてのページを片っ端から見ていくのは大変なので、**条件に合うものだけをスクリーニング**（選別）して、候補を絞り込んでからより詳細に確認していきましょう。

会社四季報のチェックポイント

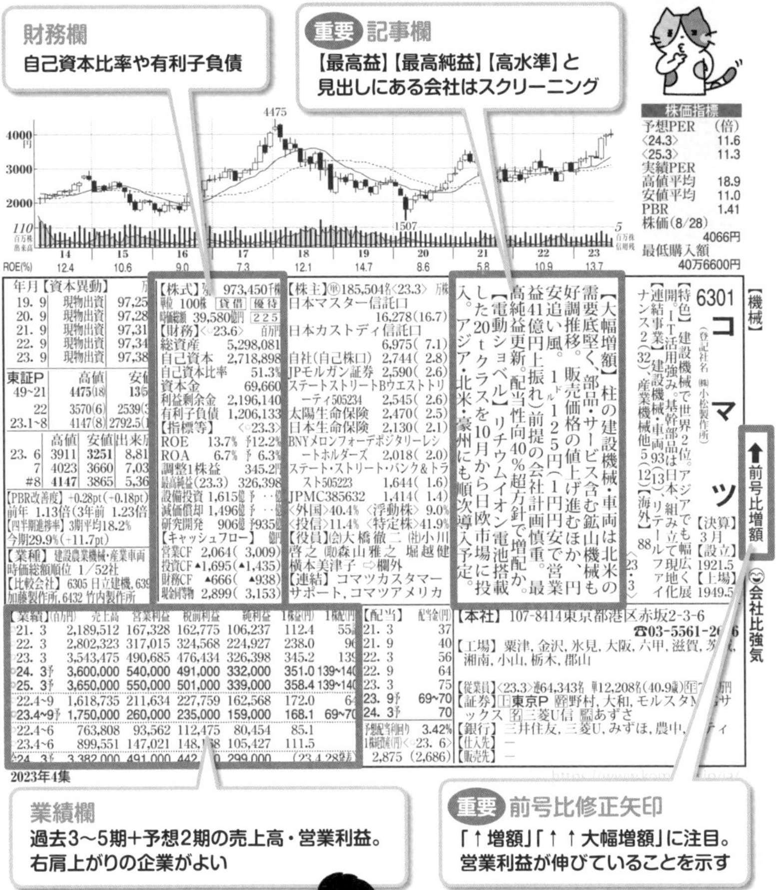

財務欄
自己資本比率や有利子負債

重要 記事欄
【最高益】【最高純益】【高水準】と
見出しにある会社はスクリーニング

株価指標
予想PER （倍）
〈24.3〉 11.6
〈25.3〉 11.3
実績PER
高値平均 18.9
安値平均 11.0
PBR 1.41
株価(8/28)
4066円
最低購入額
40万6600円

4475 / 1507

ROE(%)	14	15	16	17	18	19	20	21	22	23
	12.4	10.6	9.0	7.3	12.1	14.7	8.6	5.8	10.9	13.7

【機械】
6301 コマツ （登記社名 ㈱小松製作所）
【特色】建設機械で世界2位。アジアでも幅広く展開。IT活用強み。基幹部品は日本、組み立て現地化
【連結事業】建設機械・車両93(13)、リテールファイナンス2(32)、産業機械他5(12)【海外】88 〈23・3〉
【決算】3月
【設立】1921.5
【上場】1949.5

前号比増額
会社比強気

【大幅増額】柱の建設機械・車両は北米の需要底堅く、部品・サービス含む鉱山機械も好調推移。販売価格の値上げ進むほか、円安追い風。1ドル125円（1円円安で営業益41億円上振れ）前提の会社計画慎重。最高純益更新。配当性向40%超方針で増配か。
【電動ショベル】リチウムイオン電池搭載した20tクラスを10月から日欧市場に投入。アジア・北米・豪州にも順次導入予定。

年月【資本異動】
19. 9 現物出資 97,25
20. 9 現物出資 97,28
21. 9 現物出資 97,31
22. 9 現物出資 97,34
23. 9 現物出資 97,38

東証P	高値	安値
49~21	4475(18)	13
22	3570(6)	2539(3
23.1~8	4147(8)	2792.5(1

	高値	安値	出来
23. 6	3911	3251	8,81
7	4023	3660	7,03
#8	4147	3865	5,36

【PBR改善度】+0.28pt(+0.18pt)
前年 1.13倍(3年前 1.23倍
【四半期進捗率】3期平均18.2%
今期29.9%(+11.7pt)
【業種】建設農業機械・産業車両
時価総額順位 1／52社
【比較会社】6305 日立建機, 639
加藤製作所, 6432 竹内製作所

【株式】 973,450千株
単位 100株 貸借 優待
時価総額 39,580億円 225
【財務】〈◇23.6〉 百万円
総資産 5,298,081
自己資本 2,718,898
自己資本比率 51.3%
資本金 69,660
利益剰余金 2,196,140
有利子負債 1,206,133
【指標等】 〈◇23.3〉
ROE 13.7% 予12.2%
ROA 6.7% 予 6.3%
調整1株益 345.2円
最高純益(23.3) 326,398
設備投資 1,615億 予 ‥億
減価償却 1,496億 予 ‥億
研究開発 906億 予935億
【キャッシュフロー】 億円
営業CF 2,064(3,009)
投資CF ▲1,695(▲1,435)
財務CF ▲666(▲938)
現金同等物 2,899(3,153)

【株主】単185,504名〈23.3〉 万株
日本マスター信託口 16,278(16.7)
日本カストディ信託口 6,975(7.1)
自社(自己株口) 2,744(2.8)
JPモルガン証券 2,590(2.6)
ステートストリートBウエストトリーティ505234 2,545(2.6)
太陽生命保険 2,470(2.5)
日本生命保険 2,130(2.1)
BNYメロンフォーデポジタリーレシートホルダーズ 2,018(2.0)
ステート・ストリート・バンク&トラスト505223 1,644(1.6)
JPMC385632 1,414(1.4)
〈外国〉40.4% 〈浮動株〉 9.0%
〈投信〉11.4% 〈特定株〉41.9%
【役員】(会)大橋徹二 (社)小川啓之 (取)森山雅之 堀越健 横本美津子 ⇨欄外
【連結】コマツカスタマーサポート, コマツアメリカ

【業績】(百万円)	売上高	営業利益	税前利益	純利益	1株益(円)	1株配(円)
21. 3	2,189,512	167,328	162,775	106,237	112.4	55
22. 3	2,802,323	317,015	324,568	224,927	238.0	96
23. 3	3,543,475	490,685	476,434	326,398	345.2	139
24. 3予	3,600,000	540,000	491,000	332,000	351.0	139~140
25. 3予	3,650,000	550,000	501,000	339,000	358.4	139~140
22.4~9	1,618,735	211,634	227,759	162,568	172.0	64
23.4~9予	1,750,000	260,000	235,000	159,000	168.1	69~70
22.4~6	763,808	93,562	112,475	80,454	85.1	
23.4~6	899,551	147,021	148,[illegible]	105,427	111.5	
会24. 3予	3,382,000	491,000	442,[illegible]	299,000	(23.4.28発表)	

【配当】	配当金(円)
21. 3	37
21. 9	40
22. 3	56
22. 9	64
23. 3	75
23. 9予	69~70
24. 3予	70

予想配当利回り 3.42%
1株純資産(円)〈◇23. 6〉
2,875 (2,686)

【本社】107-8414東京都港区赤坂2-3-6
☎03-5561-2[illegible]6
【工場】粟津, 金沢, 氷見, 大阪, 六甲, 滋賀, 茨[illegible], 湘南, 小山, 栃木, 郡山
【従業員】〈23.3〉連64,343名 単12,208名(40.9歳)[年][illegible]万円
【証券】[上]東京P [幹]野村, 大和, モルスタM[illegible]サックス [名]三菱U信 [監]あずさ
【銀行】三井住友, 三菱U, みずほ, 農中, [illegible]ティ
【仕入先】―
【販売先】―

2023年4集

業績欄
過去3～5期＋予想2期の売上高・営業利益。
右肩上がりの企業がよい

重要 前号比修正矢印
「↑増額」「↑↑大幅増額」に注目。
営業利益が伸びていることを示す

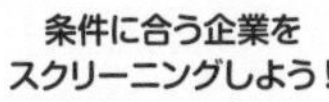

条件に合う企業を
スクリーニングしよう！

10秒チェック！

お使いの金融機関によっては、会社四季報がウェブサイトやアプリなどでも確認できる場合もあります。各社無料で読むことができるのはうれしいですね。

057 1分 minute

高配当株・増配株でキャッシュフローを得よう

配当が高い会社は
注目されるので
株も上がるのじゃ

いくら定年後は「資産取り崩し期」だといっても、残高が減る様子を見るのは穏やかではないでしょう。そこで、資産の一部を**高配当株・増配株に回してキャッシュフロー**（不労所得）**を得る**戦略も一つの手です。

高配当株は、株価に占める**配当金の割合**（配当利回り）**が高い銘柄**です。「高配当」の明確な基準はありませんが、配当利回りが3～4％を超えると一般的に高配当といわれています。

また増配株は、**配当金の金額を増やしてくれる銘柄**です。特に、長年にわたって毎年配当金の金額を増やす「連続増配株」は業績も良く、値上がり益を得ることも見込めます。

高配当株・増配株は「売上高や営業利益が年々伸びているか」「営業利益率・経常利益率が高いか」「1株当たり利益（EPS）が増加しているか」「借金が少ないか・自己資本比率が50％以上か」「不況に強い業種か」がポイント。会社四季報を見て確認しましょう。

高配当株と増配株

日本株・米国株の主な高配当株

順位	日本株			米国株		
	銘柄（証券コード）	業種	配当利回り	銘柄（ティッカー）	業種	配当利回り
1	NEW ART HOLDINGS (7638)	小売業	5.77%	アルトリア・グループ（MO）	一般消費財	9.32%
2	三ツ星ベルト（5192）	ゴム製品	5.69%	ウォルグリーン・ブーツ・アライアンス（WBA）	サービス	8.63%
3	ノバック（5079）	建設業	5.64%	ベライゾン・コミュニケーション（VZ）	IT・通信	8.21%
4	ケル（6919）	電気機器	5.62%	エーティー・アンド・ティー（T）	IT・通信	7.39%
5	世紀東急工業（1898）	建設業	5.58%	スリーエム（MMM）	医療関連	6.41%

※日本株は2023年11月1日時点、米国株は2023年9月末時点（S&P500採用銘柄）の情報に基づく

リーマンショックなどの暴落があっても
配当金を増やしてきました

日本株・米国株の増配株ベスト5

順位	日本株			米国株		
	銘柄（証券コード）	業種	連続増配年数	銘柄（ティッカー）	業種	連続増配年数
1	花王（4452）	化学	33年	アメリカン・ステイツ・ウォーター（AWR）	公益事業	69年
2	SPK（7466）	卸売業	25年	ドーバー（DOV）	工業	68年
3	三菱HCキャピタル（8593）	その他金融業	24年	ジェニュイン・パーツ（GPC）	一般消費財	67年
4	小林製薬（4967）	化学	23年	ノースウェスト・ナチュラル・ガス（NWN）	公益事業	67年
5	ユー・エス・エス（4732）	サービス	23年	プロクター・アンド・ギャンブル（PG）	一般消費財	67年

※2023年11月1日時点の情報に基づく

日本株は年1～2回、米国株は年4回
配当金がもらえる会社が多くあります

高配当株・増配株のチェックポイント

売上高や営業利益が年々伸びているか	過去3～5期と今後2期の予測が右肩上がりで伸び続けている会社が有望
1株当たり利益（EPS）が増加しているか	1株当たり利益が大きく、年々増えている会社は堅実に成長していることを表す
借金が少ないか・自己資本比率が50%以上か	会社のお金のうち返済不要な「自己資本比率」が50%以上だと安全性が高い
不況に強い業種か	業績や株価が比較的安定している食品、医薬品、電力・ガス、鉄道、通信などが有力

会社四季報で
チェックして
みましょう

10秒チェック！

配当利回りは「1株当たりの配当金÷株価×100」で計算します。つまり、業績悪化などで株価が下がることでも上がってしまいます。配当利回りが高いからと飛びつくのではなく、きちんと会社の業績を確認しましょう。

058 1分 株式投資のおすすめ銘柄

売上高や営業利益が年々伸びているかチェック！

日本株

化学	アステラス製薬（4503）	
値上がり期待 高配当銘柄	医療用医薬品を開発・製造するグローバル製薬企業。主力は前立腺がん薬	
株価	1,790円	
配当利回り	3.91%	
決算期	売上	営業利益
2019/3	1兆3,063億円	2,439億円
2020/3	1兆3,008億円	2,439億円
2021/3	1兆2,495億円	1,360億円
2022/3	1兆2,961億円	1,556億円
2023/3	1兆5,186億円	1,330億円

機械	コマツ（6301）	
値上がり期待 高配当銘柄	建機最大手、世界2位。現地生産大。産業機械や鉱山機械も。IT活用に強み	
株価	3,640円	
配当利回り	3.95%	
決算期	売上	営業利益
2019/3	2兆7,252億円	3,978億円
2020/3	2兆4,448億円	2,507億円
2021/3	2兆1,895億円	1,673億円
2022/3	2兆8,023億円	3,170億円
2023/3	3兆5,434億円	4,906億円

卸売業	マクニカホールディングス（3132）	
値上がり期待 高配当銘柄	独立系の半導体商社としては国内トップ級。技術発掘力に強みがある	
株価	6,423円	
配当利回り	2.49%	
決算期	売上	営業利益
2019/3	5,242億円	153億円
2020/3	5,211億円	144億円
2021/3	5,539億円	187億円
2022/3	7,618億円	367億円
2023/3	1兆292億円	616億円

機械	クボタ（6326）	
値上がり期待 高配当銘柄	農業機械、鋳鉄管とも国内トップ。建機、エンジンも主力	
株価	2,043円	
配当利回り	2.34%	
決算期	売上	営業利益
2018/12	1兆8,503億円	1,893億円
2019/12	1兆9,200億円	2,016億円
2020/12	1兆8,532億円	1,752億円
2021/12	2兆1,967億円	2,445億円
2022/12	2兆6,787億円	2,189億円

精密機器	オリンパス（7733）	
値上がり期待！	世界シェア7割の消化器内視鏡等医療分野が柱。中国市場が成長中	
株価	2,044.5円	
配当利回り	0.88%	
決算期	売上	営業利益
2019/3	7,938億円	282億円
2020/3	7,552億円	922億円
2021/3	7,305億円	819億円
2022/3	7,501億円	1,461億円
2023/3	8,819億円	1,866億円

電子機器	NTT（9432）	
高配当銘柄	携帯電話のNTTドコモやネット回線のドコモ光をはじめ、さまざまな通信事業を手がける	
株価	172.8円	
配当利回り	2.89%	
決算期	売上	営業利益
2019/3	11兆8,798億円	1兆6,938億円
2020/3	11兆8,994億円	1兆5,621億円
2021/3	11兆9,439億円	1兆6,713億円
2022/3	12兆1,564億円	1兆7,685億円
2023/3	13兆1,361億円	1兆8,289億円

（2023年11月10日時点）

米国株

サービス	アマゾン・ドット・コム (AMZN)	
値上がり期待!	米国のオンライン小売最大手・テクノロジー企業。クラウドサービス「AWS」も主力事業	
株価	143.56ドル	
配当利回り	—	
決算期	売上	営業利益
2018/12	2,328億ドル	124億ドル
2019/12	2,805億ドル	145億ドル
2020/12	3,860億ドル	228億ドル
2021/12	4,698億ドル	248億ドル
2022/12	5,139億ドル	122億ドル

IT・通信	アップル (AAPL)	
値上がり期待!	米国のIT機器大手。主要製品はMac、iPhoneなどの消費者製品	
株価	186.40ドル	
配当利回り	0.52%	
決算期	売上	営業利益
2019/9	2,601億ドル	639億ドル
2020/9	2,745億ドル	662億ドル
2021/9	3,658億ドル	1,089億ドル
2022/9	3,943億ドル	1,194億ドル
2023/9	3,832億ドル	1,143億ドル

IT・通信	エヌビディア (NVDA)	
値上がり期待!	グラフィック・プロセッシング・ユニット (GPU) などのビジュアルコンピューティング技術を提供	
株価	483.35ドル	
配当利回り	0.03%	
決算期	売上	営業利益
2019/1	117億ドル	38億ドル
2020/1	109億ドル	28億ドル
2021/1	166億ドル	45億ドル
2022/1	269億ドル	100億ドル
2023/1	269億ドル	42億ドル

一般消費財	プロクター・アンド・ギャンブル (PG)	
高配当銘柄 連続増配中	米国の一般消費財メーカー大手。主に「P&G」ブランド名で幅広い製品を世界中で販売する	
株価	151.41ドル	
配当利回り	2.49%	
決算期	売上	営業利益
2019/6	676億ドル	54億ドル
2020/6	709億ドル	157億ドル
2021/6	761億ドル	179億ドル
2022/6	801億ドル	178億ドル
2023/6	820億ドル	181億ドル

医療関連	ジョンソン&ジョンソン (JNJ)	
高配当銘柄 連続増配中	米国の医療・ヘルスケア企業。一般用医薬品などの治療薬を製造・販売する	
株価	147.25ドル	
配当利回り	3.23%	
決算期	売上	営業利益
2018/12	815億ドル	319億ドル
2019/12	820億ドル	323億ドル
2021/1	825億ドル	320億ドル
2022/1	937億ドル	392億ドル
2023/1	949億ドル	390億ドル

一般消費財	コカ・コーラ (KO)	
高配当銘柄 連続増配中	ノン・アルコール飲料の世界最大メーカー。主要品名は「コカ・コーラ」、「ダイエット・コーク」など	
株価	56.72ドル	
配当利回り	3.24%	
決算期	売上	営業利益
2018/12	318億ドル	87億ドル
2019/12	372億ドル	100億ドル
2020/12	330億ドル	89億ドル
2021/12	386億ドル	103億ドル
2022/12	430億ドル	109億ドル

使う　増やす

059 1分 minute

資産は一度に現金化ではなく、運用しながら取り崩す

資産を取り崩すときには、**運用しながら少しずつ取り崩します。** 資産寿命が延ばせるうえ、売るタイミングを分散することで、安いタイミングで売ることを防げます。資産を取り崩しながら一定の利回りで運用した場合に、毎年いくら受け取れるかを計算する**「資本回収係数」**で計算してみましょう。

2,000万円の資産を運用せずに、毎月10万円ずつ取り崩すと、**16年8か月（200か月）でゼロ**になります。しかし、**年利3％で運用しながら20年かけて取り崩す**ことができれば、**毎月約11万2,000円ずつ**使える計算に。70歳から取り崩しても90歳まで資産が持つことになります。

コア資産とサテライト資産では、先にサテライト資産から取り崩します。株式、FXなど、**値動きの大きなものから先に売却し、売却したお金はコア資産の預貯金、国内債券、投資信託、ETFなどに移します。** コア資産の投資信託やETFは、運用しながら取り崩すことで資産寿命を伸ばします。そして最後に、定期預金や個人向け国債などの安全資産を取り崩していきます。

リスクの高い資産から売却

積極型資産（リスク性資産）

株式、投資信託、ETFなど
運用によって資産の変動があるもの

大きく減る可能性がある

取り崩し期間はリスク性資産から売却

安定型資産

安定資産
定期預金、
国内債券など

流動性資産
普通預金など

資産が減る可能性は低い

● 取り崩しのシミュレーション

取り崩し期間		運用利回り				
		1%	2%	3%	4%	5%
	10年	0.10558	0.11133	0.11723	0.12329	0.12950
	11年	0.09654	0.10218	0.10808	0.11415	0.12039
	12年	0.08885	0.09456	0.10046	0.10655	0.11283
	13年	0.08241	0.08812	0.09403	0.10014	0.10646
	14年	0.07690	0.08260	0.08853	0.09467	0.10102
	15年	0.07212	0.07783	0.08377	0.08994	0.09634
	20年	0.05542	0.06116	0.06722	0.07358	0.08024
	25年	0.04541	0.05122	0.05743	0.06401	0.07095
	30年	0.03875	0.04465	0.05102	0.05783	0.06505

70歳から3,000万円の資産を年利2%で運用しながら
20年で取り崩す場合

3,000万円×0.06116＝183万4,800円
183万4,800円÷12＝約15万3,000円

自分の場合で
計算してみましょう！

90歳まで毎月約15万3,000円使える！

10秒チェック！

新NISAによって運用益非課税の恩恵が無期限に得られるようになりました。その恩恵をできるだけたくさん受け取るためにも、運用を続けながら取り崩すようにしましょう。

使う　増やす

060 1分 minute

金融資産は「前半定率、後半定額」で取り崩す

死ぬときはゼロ!?

資産の取り崩しの方法には、**「毎月○円ずつ」**と、資産を毎月一定の金額ずつ取り崩す**定額取り崩し**と、**「毎月資産の○%ずつ」**と、資産を毎月一定の比率で取り崩す**定率取り崩し**があります。前ページの「取り崩しシミュレーション」は定額取り崩しに該当します。

定額取り崩しは、毎月取り崩す金額がわかりやすいのですが、**定率取り崩しよりも資産の減りが早い**という難点があります。その点、定率取り崩しは定額取り崩しより資産が長持ちするのですが、**年を追うごとに受け取れる金額が減ってしまいます。**

「前半定率、後半定額」と、**資産が多いうちは定率、資産が少なくなってきたら定額**で取り崩すと、老後の前半、健康で動き回れるうちは多くのお金を取り崩すことができる上、資産寿命を延ばすこともできます。

楽天証券「定期売却サービス」など、金融機関によっては**定率・定額での取り崩しを自動的にしてくれるサービス**を用意しているところもあります。手間なく資産を取り崩せますので、あればぜひ活用しましょう。

前半は定率・後半は定額がおすすめ

● 2,000万円の資産の取り崩しの比較

資産2,000万円を「運用せず毎年150万円ずつ取り崩し」
「年利3%で運用しながら毎年150万円ずつ定額取り崩し」
「年利3%で運用しながら毎年7.5%ずつ定率取り崩し」した場合

運用せずに取り崩すより、運用しながら取り崩したほうが長持ちする！

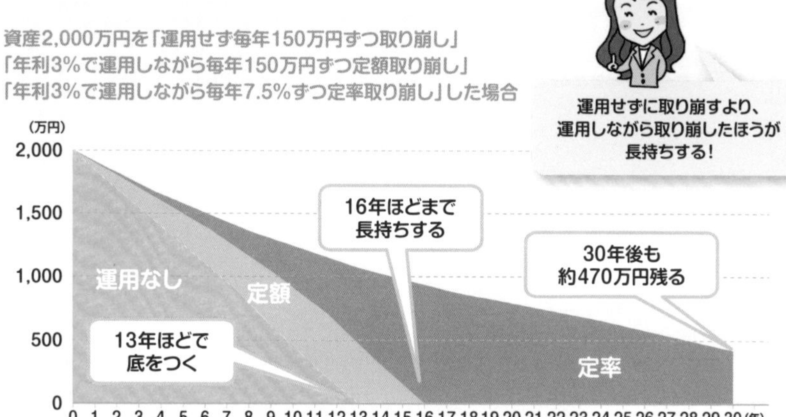

● 前半は定率取り崩し、後半は定額取り崩しした場合

資産2,000万円が1,000万円になるまでは
「年率3%で運用しながら毎年7.5%ずつ定率取り崩し」、
1,000万円を切ったら「年利3%で運用しながら毎年75万円ずつ定額取り崩し」した場合

楽天証券「定期売却サービス」など、自動で換金してくれるサービスを使うと便利です

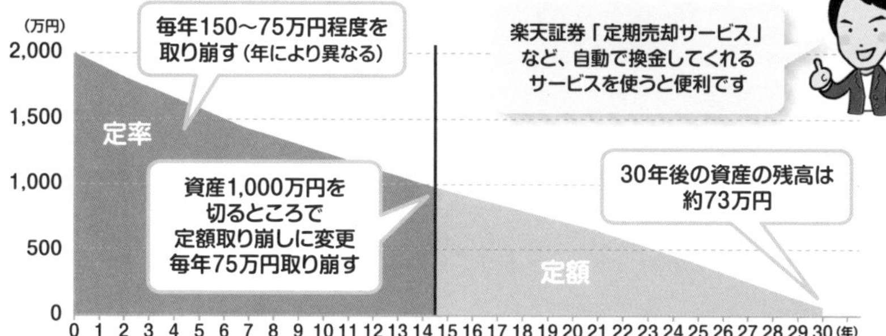

あの世にお金は持っていけません。「前半定率、後半定額」でお金を上手に取り崩しながら、亡くなるときにはお金を使い切る「DIE WITH ZERO」が理想的です。

老後のお金に関するコラム

その4

金融商品が暴落したときどうすればいい?

資産の一部を株式や投資信託といった金融商品に投資して増やすことで、老後資金は増やせますし、資産寿命を延ばすこともできます。しかし、市場は値上がりすることもあれば、値下がりすることもあります。ときには市場が暴落して、持っている株式や投資信託などが大きく値下がりすることも、ないとはいえません。

こんなときには、「さらに暴落する前に売ってしまいたい」「商品を変えたい」と考えたくなるものですが、もっともやってはいけないのは、暴落に慌てて売ったり、投資先の商品を変えてしまったりすることです。なぜなら、売ってしまうと、これから値上がりしたときに資産が回復せず、大きくお金を減らすことになるからです。

つみたてNISA（新NISAの「つみたて投資枠」）やiDeCoでは、一定額ずつコツコツと積立投資を行います。積立投資は、商品の価格が安いときにたくさん買い、高いときには少ししか買わない投資の方法です。安いときにも淡々と買い続けることで、その後少しの値上がりでも利益が大きくなる期待ができます。新NISAは無期限で非課税ですし、iDeCoの資産も最長で75歳になるまでは運用を続けられます。また、つみたてNISAも20年後に課税口座に移るまでは非課税ですし、課税口座に移っても、移る前の利益には課税されません。

もしも資産を売却しようとしたタイミングで暴落があったならば、そのまま運用を続けて、値を戻したところで売るようにすればいいでしょう。

バブル崩壊、リーマンショック、コロナショック、ウクライナショックなど、市場の暴落はたびたびありますが、それで市場がなくなったことはありませんし、下がり続ける相場もありません。そのまま淡々と運用を続けるのが成功の秘訣です。

泣かぬなら
鳴くまで待とう
ホトトギス

第5章

1分でわかる！
老後の家の基本

持ち家か賃貸かは正解のない人生の2択問題。この章では、持ち家のローンの残債、リフォーム、住み替えなど、老後に発生するさまざまな家の問題、および自らの介護や医療のために検討すべき家の「出口戦略」、さらに移住や「終の棲家」の考え方について解説します。

節約する　備える

061 1分 minute

ずっと賃貸ではだめ？退職金で家を買うはあり？

賃貸か持ち家か……
いまだに迷って
いるんだよね

持ち家か賃貸かは**正解のない「人生の２択問題」**です。どちらを選んでも経済的に損するということはありません。確かに賃貸だと毎月の家賃や２年ごとの更新料などはかかりますが、持ち家にかかる固定資産税や建物の修繕費はありません。賃貸だと、新しい物件や活気のあるエリアに住み替えやすいのもメリットです。

高齢になると部屋を借りにくくなるといわれますが、人口減少・少子高齢化が進むと、賃貸の借り手が少なくなり、物件が余る状態になると考えられます。大家さんも空室リスクを下げるために、「高齢だから」という理由で入居を断れなくなるでしょう。

一方で家を買ってはいけないわけではありません。**退職金に頼らずとも充分なお金があるなら買うのも１つの手**です。でも、老後の生活費の大切な原資である退職金を使うと、お金が一気になくなってしまい、不測の事態が起きたときに対処できなくなってしまいます。終(つい)の棲家をどうするのか（P160）と合わせて考えるのが大切です。

持ち家・賃貸のメリット・デメリット

	持ち家	賃貸
メリット	• 家の代金（または住宅ローン）をすべて支払うことで家が自分の資産になる • リフォームや間取り変更が自由にできる	• ライフスタイルや家族構成に合わせて住むエリアや間取りを変えられる • 古くなったら新しい物件に住み替えできる • リフォーム費用が不要 • 多額の支払いや住宅ローンが不要
デメリット	• 簡単に住み替えはできない • 固定資産税などの税金やリフォーム費用が発生する • 築年数が経過すると資産価値が落ちる可能性がある	• 家賃を払い続けても自分の資産にはならない • 2年ごとに更新料が必要 • 高齢になると借りられる物件の選択肢が狭まる可能性がある

● 住まいを購入するときの注意点

退職金を家の購入に充てない

お金が一気になくなり、不測の事態に対処できなくなる

買うなら中古物件を買う

新築はプレミア価格が載っていて割高。買うなら中古物件を買う

ローンを組むなら無理なく払える年数・返済額

毎月の支払いが定年後の生活費を大きく圧迫してしまう

終の棲家と合わせて考える

将来自宅に住まない可能性も。どんな生活を送りたいかを考えて

10秒チェック！

賃貸でも持ち家でも、経済的に損ということはありません。どちらにもメリット・デメリットがあるので、終の棲家をどうするかと合わせて考えましょう。

節約する　備える

062 1分 minute

ローンは繰り上げ返済したほうがいいの？

「**定年前までに住宅ローンを完済したほうがいい**」と一般的にいわれています。確かに、返済が終われば住居費はかからなくなりますし、利息の負担も減らせます。

でも、退職金を活用した住宅ローンの一括返済はあまりおすすめしません。理由は前項と同じく、退職金は老後の生活費の大切な原資だからです。ただし、50歳前後で住宅ローンを既に借りてしまった人に関しては、毎月の支払いが定年後の生活費を圧迫するので、**退職金の一部を活用して繰り上げ返済するという手**はありです。

また、住宅ローンは他のローンよりも安い金利で借りられるからというのも、一括返済をおすすめしない理由です。退職金を使って住宅ローン利息の負担を減らすよりも、資産運用に活用したほうが良いでしょう。**仮に住宅ローンの金利が1％で、資産運用で4％の利益**を得られたとしたら、**差し引き3％ずつお金が増やせる**計算です。

なお、住宅ローンの金利が上昇してきた場合は、資産運用に活用するのではなく、繰り上げ返済に回すほうがよいでしょう。

一括返済よりも運用がお得

● 退職金での住宅ローン一括返済はNG!?

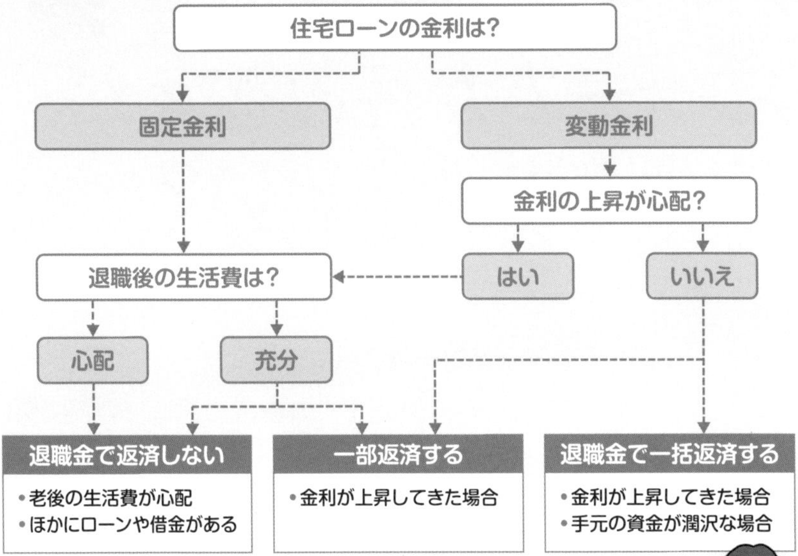

住宅ローンの金利は?
- 固定金利 → 退職後の生活費は?
- 変動金利 → 金利の上昇が心配?
  - はい → 退職後の生活費は?
  - いいえ → 一部返済する / 退職金で一括返済する

退職後の生活費は?
- 心配 → 退職金で返済しない
- 充分 → 退職金で返済しない / 一部返済する

退職金で返済しない	一部返済する	退職金で一括返済する
・老後の生活費が心配 ・ほかにローンや借金がある	・金利が上昇してきた場合	・金利が上昇してきた場合 ・手元の資金が潤沢な場合

ご自身の状況を踏まえて、退職金を有効活用しましょう

例　1%の住宅ローンを借りている場合

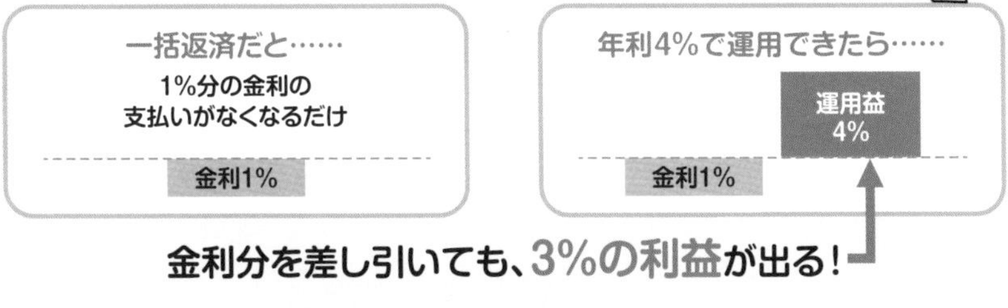

一括返済だと……
1%分の金利の
支払いがなくなるだけ
金利1%

年利4%で運用できたら……
運用益
4%
金利1%

金利分を差し引いても、3%の利益が出る!

10秒チェック!

住宅ローンは金利の負担が少ないので、退職金で一括返済するよりも、生活費の確保や資産運用を優先するのがおすすめ。ただし、毎月の支払いが定年後の生活費を圧迫する場合や、住宅ローンの金利が上昇してきた場合は、退職金を繰り上げ返済に回しましょう。

備える

063 1分 minute

リフォームか住み替えか、どう判断したらいい？

内閣府「令和５年版高齢社会白書」によると、65歳以上の方の８割以上が持ち家に住んでいます。しかし、多くの場合、建物自体が老朽化したり、老後の生活に合わなくなったりしています。

水回り、間取り、外壁など、修繕が必要なところを部分的にリフォームすれば、老後も住み続けられます。長年住んできた建物を壊す必要もありませんし、仮住まいや引っ越しなども多くの場合不要です。ただ、**リフォームにはお金がかかります**。リフォームの内容によっては、建て替えるよりも高額になることもあります。**自己資金でバリアフリー・省エネ・耐震性能などを高めた場合、「投資型減税」を利用することで、費用×10％の控除を受けられます**（2023年12月31日までの工事と入居が条件）。

自宅を売却して住み替える方法もあります。高く売れれば、自己資金を新たに用意しなくても新しい家に住めます。しかし、売却額によっては、手元にお金が残らない可能性もあります。

どちらもメリット・デメリットがあり、一概にどちらがいいと言い切れるものではありません。重視したいポイント、より不都合が解消できる方法を選びましょう。

リフォームにはどのくらいお金がかかる？

● 老後の主なリフォームと費用の目安

耐震リフォーム
50～300万円

地震などの自然災害に家が耐えられるように補強する工事。旧耐震基準で建てられた家（1981年6月以前）のリフォームのほうが高い傾向

バリアフリーリフォーム
数万～250万円

段差をなくす、階段に手すりをつける、部屋の出入り口を広げるなど、高齢になっても住みやすい・介護しやすい家にするための工事

省エネリフォーム
200～300万円

家の断熱性を高めたり、省エネの設備を導入したりして、冷暖房や給湯器などのエネルギーを削減。光熱費を節約する工事

三世代同居リフォーム
30～250万円

親・子・孫の三世代が同居するために行う工事。耐震補強、防音対策、トイレや浴室の増設など、内容により金額は大きく異なる

● リフォームと住み替え、おすすめの人は？

リフォームがおすすめの人

- 家に愛着がある
- 生活環境を変えたくない
- ご近所付き合いを変えたくない
- ある程度リフォーム用のまとまったお金がある
- 仕事などの都合で引越しできない

住み替えがおすすめの人

- 子どもに家を残す必要がない
- 生活環境を変えたい
- 家の資産価値が上がっている
- 老後の生活にあった家に住むことができる
- 購入資金・賃貸の支払いができるぐらいのお金がある

10秒チェック！

リフォームであればご近所付き合いも原則変わりませんが、住み替えをするとなるとご近所付き合いは変わってしまうでしょう。生活の変化を受け入れられるかも大きなポイントです。

備える

064 1minute 分

持ち家ってどうすればいい? 出口戦略の描き方は?

家を購入するときには、「一生そこに住み続ける」と決意して購入する方がほとんどでしょう。しかし、長い人生の間には、会社で転勤があったり、親の介護があったりして、住み続けられなくなる可能性があります。**自宅の出口戦略はそうした可能性を見越して、家を購入するときに描いておくものです**。いざというときに人に貸したり、高く売ったりできる資産価値の高い家であれば、購入してもいい、というわけです。

資産価値の高さを見定めるために、物件価格や賃貸価格の相場を調べてみましょう。現在の価格はもちろん、**築年数が増えるに連れて価格の推移がどうなっているか**をチェックします。当然、価格の下がりにくい物件・エリアのほうがいいでしょう。また、物件のあるエリアの人口推移、今後どうなるかの予想も確認します。

駅までの距離や交通の便も大切です。駅まで徒歩で行けるほうがいいですよね。物件の間取りは、1人用の1DK、2人や3人で住む2LDK・2DKといった無難な間取りのほうが売りやすいでしょう。マンションの場合、もっとも売れやすいのは3LDKと言われています。

自宅を賃貸・売却するときの流れ

①家の相場を調べる

- 近隣の物件がいくらで借りられているか・売れているのかを調べる
- 不動産会社の物件情報やウェブサイト、成約価格がわかるサイトが役立つ

②不動産会社に査定を依頼、仲介・媒介契約を結ぶ

- いくらで貸せそうか・売れそうかを不動産会社に確認してもらう
- 複数の不動産会社に依頼して相場をチェックすること

③入居者・買い手を探す

- 不動産会社に入居者・買い手を探してもらう
- 申込者を審査する

④入居者・買い手と契約を結ぶ

- 賃貸契約・売買契約を結ぶ
- 売却の翌年に確定申告を行う（利益（譲渡所得）がある場合）

入居者・買い手探しには数か月かかることもあります

● 出口戦略のポイント

物件購入時にチェックしておくことが大切！

物件価格・賃貸価格
- 高いほどいい
- 築年数が増えても下がりにくいといい

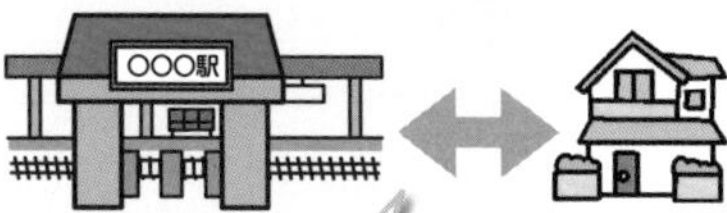

周辺の人口推移
- 人口が増えているといい
- 生活利便性が高いといい

駅までの距離・交通の便
- 近いほどいい
- 徒歩で行けるといい

物件の間取り
- 借り手が多い無難な間取りだといい

10秒チェック！

自宅を賃貸にすることで、空き家にしておくよりも建物の経年劣化を遅らせることができるのもメリットです。

備える

065 1分 minute

そもそも終の棲家はいつから考えればいい？

終(つい)の棲家とは、老後から亡くなるまでの間を過ごす住まいのことです。日本人は60歳で定年を迎えても、平均的にはさらに20年から30年の暮らしがあります。ですから、50代のうちから終の棲家のことを考えておきたいものです。

P152で触れたとおり、持ち家がある場合には持ち家か賃貸かという選択がまずあります。持ち家の場合、老朽化した設備のリフォームにはお金がかかります。資金が十分にあるならば問題ないですが、ない場合は**リースバックやリバースモーゲージ**（P162）といった方法もあります。住み替えであれば身の丈にあった住居や生活利便性の高いエリアを選んで住むことができます。持ち家があれば売却・貸出で入居の資金を調達しやすくなります。

自宅か住み替えかのほかに、介護や医療の問題もあります。たとえ持ち家があったとしても、体の調子などに合わせて**高齢者向け住宅や老人ホームを選ぶ**こともあるかもしれません。

そして何より、どのような生活を送りたいのかを考えることも大切です。資金面や利便性だけでなく、**豊かな人生を過ごすにはどうしたらいいか、**考えておきましょう。

終の棲家の選択肢

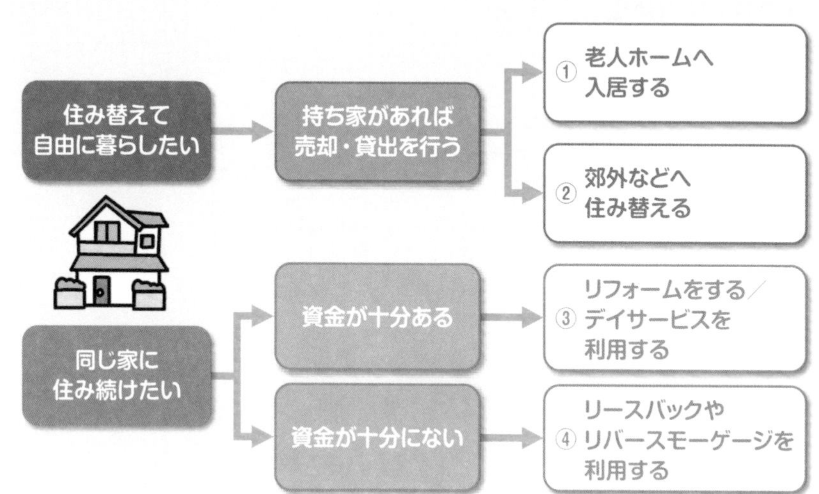

● 終の棲家選びのポイント

1 自宅か住み替えか

自宅に住み続けたい人は多いが、住み替えでダウンサイジングすることで費用削減や生活利便性の向上が見込めるので、柔軟に検討

2 介護や医療をどうするか

介護や医療が必要なときに頼れるサービスや面倒をみてくれる人が近くにいるか。老人ホームならどの程度対応できるのかをチェック

3 どのような生活を送りたいか

資金面や利便性だけでなく、老後の生活をどのようにしたいのか、やりたいことは何かを考えておくことも大切

10秒チェック！

昔はマイホームを購入して終の棲家とすることが1つのゴールでした。しかし、近年は終の棲家も多種多様。同じ家に住み続けない選択をする人も増えています。

備える

066 1分 minute

リバースモーゲージ、リースバックってなに？

愛着のある自宅に
住みつづけるなら
1つの手ですね

リバースモーゲージは**自宅や土地などを担保に金融機関からお金を借りる制度**。今住んでいる家に引き続き**住みながらお金を借りる**ことができます。リバースモーゲージでは通常、利息のみを返済し、元本は本人が亡くなったあとに自宅や土地を売却して返済します。ただし、リバースモーゲージは金利が3～4％前後とかなり割高。そのうえ、担保に入れた不動産の評価額が見直されると、借入残高よりも評価額が低くなる**「担保割れ」**が起きて、将来借りたお金が返せなくなる恐れがあります。

リースバックは、自宅を専門の不動産会社に売却し、賃貸契約を結ぶ制度です。そして**毎月リース料（家賃）を支払いながら、自宅に住み続けます**。自宅を売却することで、売却代金が一度に手に入ります。リースバックでは、専門の不動産会社が不動産を買ってくれるので、すぐに資金調達できます。しかし、リースバックの売却額は周辺地域の相場より安く、リース料は相場より高くなる場合が多くあります。

リバースモーゲージとリースバック

リバースモーゲージ

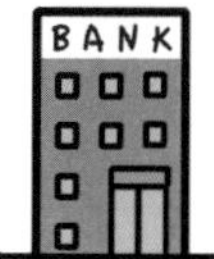

リースバック

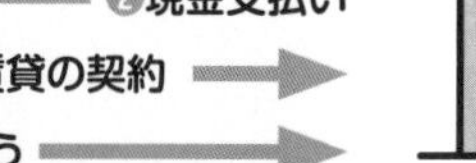

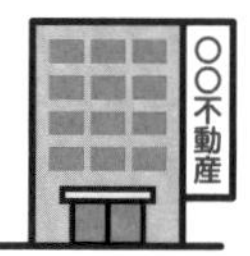

リバースモーゲージ		リースバック
自宅を担保にして金融機関から お金を借りる制度	制度概要	自宅を売却・現金化したあとに借りて、 家賃を支払って住み続ける制度
居住者本人	物件の所有権	売却先の不動産会社
あり	固定資産税の 納税義務	なし
50～60歳以上 （金融機関により異なる。下限があることが多い）	年齢制限	なし
一戸建て （マンションは不可の場合がある）	対象物件	制限なし。工場・事務所も可
配偶者のみ可能	家族の同居	可能
売却	契約終了後	買い戻し可能
1～3か月ほど	現金化までの 期間	20日程度

10秒チェック！

リバースモーゲージもリースバックも、どうしても自宅に住みたいというニーズは満たせますが、相場より安い価格で売ったり、高い金利でローンを組んだりするなど、デメリットも多いので、あまり積極的におすすめできません。

備える

067 1分 minute

老人ホームはどうやって選ぶ？

高齢になると誰でも体が弱り、身の回りのことができなくなってくるものです。そんなときに利用を検討するのが、老人ホームです。

老人ホームには、自治体などが運営する公的施設と企業などが運営する民間施設があります。また、公的施設・民間施設ともに、**介護が必要な人向け**の老人ホームと**自立した生活が送れる人向け**の老人ホームがあります。どの老人ホームかで、かかる費用も異なります。

老人ホームの費用には、入居する際に施設に支払う**入居一時金**と、老人ホームに入居したあとに毎月かかる**月額利用料**があります。また、医療費や老人ホームとは別の外部の介護サービスを受けたときの費用、日用品の費用などは月額利用料には含まれず、**自己負担**となります。

すでに持ち家があったとしても、老人ホームを利用することがあるでしょう。この場合、持ち家を売却するか、人に貸すかして老人ホームに入ることになります。賃貸住まいの場合は、家賃の支払先が老人ホームに変わるだけですので、さほど大きな問題はありません。

高齢者向け施設の例

● 公的施設

介護老人福祉施設（特別養護老人ホーム（特養））

日常生活面での介護が中心。
原則個室で看取りまで対応してくれる

入居金・敷金	月額費用	要介護度
0円	5～20万円	要介護3～

軽費老人ホーム

食事や入浴の支援を受けながら生活できる。
A型・B型・ケアハウスの3つがあり、
ケアハウスは介護サービスの有無で「一般型」と「介護型」に分かれる

入居金・敷金	月額費用	要介護度
0～数百万円	5～30万円	自立～

介護医療院

医療ケアと介護サービスの両方を受けられる。
比較的重度の方向けの「I型」と、
I型より容体が安定している方向けの
「II型」がある

入居金・敷金	月額費用	要介護度
0円	10～20万円	要介護1～

施設によってサービス内容
も金額も大きく違います

● 民間施設

介護付き有料老人ホーム

自立可能な人から、要介護（介護度問わず）・
認知症の人まで幅広く受け入れている

入居金・敷金	月額費用	要介護度
0～数千万円	10～50万円	自立～

住宅型有料老人ホーム

介護サービスを自由に選択できる
（外部の訪問事業者と契約）ため、
料金が人によって大きく異なる

入居金・敷金	月額費用	要介護度
0～数千万円	10～50万円	自立～

サービス付き高齢者向け住宅（サ高住）

必要な介護サービスを契約する「一般型」と
介護度別の定額で介護サービスを受ける
「介護型」がある。入居時に敷金が必要

入居金・敷金	月額費用	要介護度
0～数千万円	10～30万円	自立～

認知症高齢者グループホーム

認知症の人が対象の介護施設。
少人数で共同生活を送る「ユニット型」と、
共同生活に加えて1人暮らしもできる
「サテライト型」がある

入居金・敷金	月額費用	要介護度
0～数十万円	10～30万円	要支援2～

10秒チェック！

施設ごとに入居条件が大きく異なります。資金面だけでなく、要介護度や認知症の有無などの条件を満たさない場合は入居できません。特に特別養護老人ホームは要介護度3以上で入居待ちが多く、入居までに数年かかるケースもあります。

節約する　備える

068 1minute 分

親が気になる？「三世代同居・近居支援事業」

同居は煩わしいけど、
メリットも
多いんだね

地方への移住はハードルが高いという方もいるかもしれません。その場合は、**「三世代同居・近居支援事業」**をチェックしてみましょう。

三世代同居・近居支援事業とは、親世帯と子育て世帯（親・子・孫の三世代）が同居したり、近くに住んだりする際に補助が受けられるというもの。介護や子育てなどの負担を助け合って軽減することを後押ししてくれる制度です。

親世帯と子育て世帯が同居すれば、家事や育児、経済的な面での負担を軽減することができます。ただ、同居するとプライバシーが確保できない、気を遣ってしまうといった欠点も。近居であれば、同居よりもプライバシーも確保しやすいメリットがあります。

三世代同居・近居支援事業の補助の内容は、**住宅取得や増改築にかかる費用を補助したり、給付金を支給したりと、自治体によって異なります**。お住まいの地域にある制度を確認してください。ただし、年度ごとに予算があり、予算に達した時点でその年度の受付が終了する自治体もあります。

三世代同居・近居支援事業の例

同居

三世代が同じ家屋に住むこと

近居

三世代が同じ自治体内に住むこと
（別途距離など指定されている場合あり）

自治体	助成内容
宮城県塩竈市	近接・同居最大50万円（多子世帯で義務教育修了前の子を2人養育している場合は＋5万円、3人以上養育している場合は＋15万円）
東京都新宿区	近居・同居最大20万円
千葉県松戸市	近居50万円・同居75万 市街からの転入は＋25万円
岐阜県本巣市	近居・同居最大50万円
広島県坂町	同居最大200万円・近居最大100万円
山口県	近居・同居最大100万円 新築（既存住宅の除却なし）・購入最大50万円

● 申請はどうする？

近居でも同居でも住宅取得の契約をする前に「事前相談書」を提出する必要があるので要注意！

例）千葉県松戸市の場合

支援内容の確認 ▶ 事前相談書の提出 ▶ 住宅取得契約 ▼ 新居入居 ◀ 交付申請書提出 ◀ 補助金取得

申請期限は住宅取得後1年以内。
それを過ぎると申請ができなくなるので早めに手続きしましょう！

10秒チェック！

年によって募集の件数が異なったり、制度自体が変更・終了になったりすることも多いので、詳しくは各自治体のWebサイトなどでご確認ください。

その5

移住先は都内？ それとも地方？

老後は長年住み慣れた同じ家に住み続けたいという人もいれば、他のところに引っ越して暮らしたい人もいます。終の棲家のことは、50代のうちから考えておきましょうと本章でお話ししました。他のところに引っ越す場合、考えておきたいのは引っ越し後の支出のこと。引っ越したものの生活費が高いというのでは、生活が苦しくなってしまうからです。

住み替えで支出を抑えたいならば、地方への移住がよいでしょう。総務省「消費者物価地域差指数」（2023年6月）によると、2022年の全国平均の物価を100とした場合に、もっとも物価水準が高い東京都は104.7。住居費に限れば130.7となっています。ですから、東京都在住の方が地方に移住したら、それだけで生活費が大きく減らせるでしょう。

ただ、地方に移住するといっても、住む場所によって利便性は大きく変わります。たとえば、車での移動が不可欠な「車社会」の地域の場合、高齢になって車を手放すと、行動範囲が狭くなります。食品や日用品などの買い物で役立つ店舗が近くになければ、生活の利便性も悪くなります。そして、住む人が少なくなると、地域そのものがさびれるかもしれません。

これらの問題を解決するには、都会と地方の間の郊外エリアに住むのがおすすめです。郊外エリアは、都会ほど物価が高くないうえに、電車や公共交通機関もほどよく整備されており、買い物も安心です。日本の人口が今後も減っていくことは避けられませんが、それでも郊外エリアであれば地方よりも人口の減りが緩やかで、街の活気も保たれます。「高齢になっても便利な地域であり続けるか」という点に注目して移住すると、無理なくコストを下げることができます。

とはいえ、便利な郊外エリアは人気があります。家賃が相応に高いこともあるでしょう。そこで活用したいのが、単身世帯の高齢者が共同生活を送るシェアハウスです。シェアハウスは、賃貸住宅と比べて家賃が安く、光熱費も節約可能。入居者同士で交流もあり、一人暮らしの不安を軽減できるでしょう。支出を抑えるためにも、ぜひ活用を検討してみましょう。

第6章

1分でわかる!

老後の生活・節約の基本

老後の生活費は現役時代の7～8割になるといわれますが、収入も減ってしまうので節約による支出削減も重要なポイントです。この章では、電気代や通信料金などの固定費の節約から、キャッシュレス決済によるポイント還元や割引の上手な使い方、さらに医療費の節約、シニア割引まで、老後のための節約のポイントについて解説します。

節約する　貯める

069 1分 minute

ネット銀行に預けるとどんなメリットがあるの？

店舗は減る一方だね……

銀行と言えば、街の中に店舗があって、窓口やATMを使ってお金に関する手続きをするイメージがあるでしょう。しかし今後使いたいのは、そうした店舗銀行ではなく、ネット銀行です。ネット銀行は、**ネット上でほぼすべての取引ができる銀行**です。街の中の店舗や窓口・ATMなどはありません。ネット銀行の取引はスマホやパソコンなどを使って行います。

たとえば、お金を引き出したいとき、店舗銀行では所定の時間内に同じ銀行のATMを使います。時間外や別の銀行のATMでもお金を引き出せますが、1回あたり数百円の出金手数料がかかります。

その点、ネット銀行では、**原則24時間365日いつでも**、近所のコンビニや銀行のATMを使ってお金を引き出すことができます。出金手数料は、銀行や取引状況によっても異なりますが、**月数回程度無料**になります。

ネット銀行の中には、他行への振込手数料や他行ATMでの入金手数料を月数回程度無料にしていたり、金利が店舗銀行よりも高く設定されていたりするところも。残高もネットでいつでもすぐわかって便利です。

ネット銀行と店舗銀行の違い

おすすめ！

	ネット銀行	店舗銀行
店舗・対面の窓口	なし	あり
営業時間	24時間365日利用可能（メンテナンス時を除く）	・窓口の営業時間は平日9時～15時（土日祝休業） ・時間外もATMは利用可能
ATM	・ネット銀行のATMは少ない ・コンビニや提携銀行のATMが利用可能	ある
紙の通帳	なし	・あり（有料の銀行が多い） ・発行しないことで無料にできる
残高確認	スマホ・パソコンでできる	・銀行のATMで行う（他行のATMでも可能） ・スマホ・パソコンでの残高確認も可能
金利	店舗銀行より高く設定している銀行もある	ネット銀行より低め
手数料	・店舗銀行より安め ・入出金手数料や振込手数料が「月○回まで無料」となる銀行もある	ネット銀行より高め

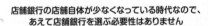

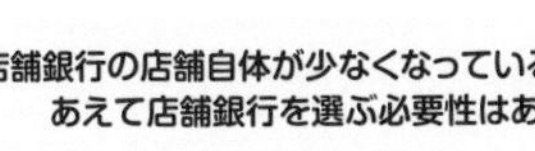
店舗銀行の店舗自体が少なくなっている時代なので、
あえて店舗銀行を選ぶ必要性はありません

10秒チェック！

近年は店舗銀行もネットへの対応が進み、残高照会や振込の手続きができるようになってきました。とはいえ、サービスの面ではまだまだネット銀行のほうがお得です。

振り返り
ポイント

節約する　貯める

070 1分 minute

おすすめのネット銀行を教えて！

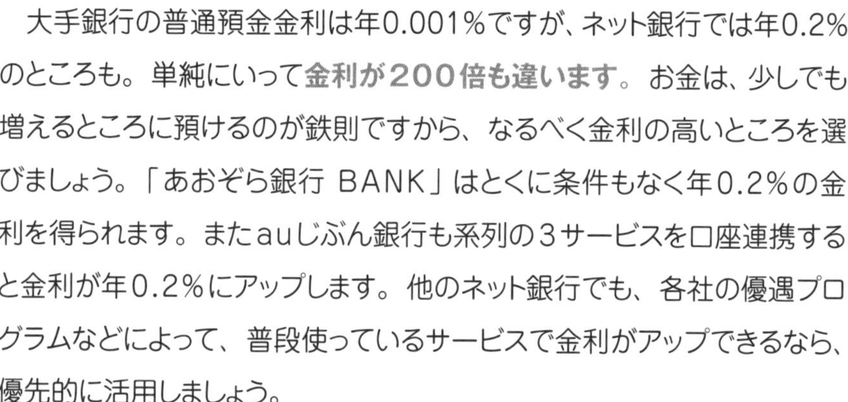

手数料はなるべく払いたくないなぁ……

大手銀行の普通預金金利は年0.001%ですが、ネット銀行では年0.2%のところも。単純にいって**金利が200倍も違います**。お金は、少しでも増えるところに預けるのが鉄則ですから、なるべく金利の高いところを選びましょう。「あおぞら銀行 BANK」はとくに条件もなく年0.2%の金利を得られます。またauじぶん銀行も系列の3サービスを口座連携すると金利が年0.2%にアップします。他のネット銀行でも、各社の優遇プログラムなどによって、普段使っているサービスで金利がアップできるなら、優先的に活用しましょう。

毎月決まって現金を引き出す機会がある方は、**コンビニでの入出金手数料無料の回数が多いネット銀行**がいいでしょう。ソニー銀行なら入金無料、出金も月4回までは無条件で無料です。また、auじぶん銀行・住信SBIネット銀行・ソニー銀行は最低でも月1回は他行振込手数料を無料にできます。こちらも、**優遇プログラム次第では無料回数を増やせます**ので、どれかを選んで集中的に利用するのがよいでしょう。

お得なネット銀行は？

一番低いランクでも入金月２回・他行宛振込月３回は無料！

	普通預金金利	コンビニATM手数料	他行宛振込手数料
au じぶん銀行	0.2%※1 au PAYアプリ、au PAYカード、auカブコム証券と口座連動	入金：月２～何度でも無料 （じぶんプラス「シルバー」以上） 出金：最大月15回無料	月３～最大15回無料 （じぶんプラス「プレミアム」） 三菱ＵＦＪ銀行へは何度でも無料
あおぞら銀行 BANK	0.2% 金利が高い！	ゆうちょ銀行は入出金何度でも無料 セブン銀行は入金何度でも無料 （取扱時間外は有料） その他ATMは有料	最大月３回無料 （預金残高・投信残高・Visaデビット利用の有無で判定）
楽天銀行	0.1%※2 楽天証券と連動 （マネーブリッジ）	入金：３万円以上無料 出金：最大月７回無料 （ハッピープログラム「スーパーVIP」）	最大月３回無料 （ハッピープログラム「VIP」以上）
イオン銀行	最大0.1% （イオン銀行Myステージ「プラチナステージ」）	入出金とも月１～最大５回無料 （イオン銀行Myステージ「プラチナステージ」）	最大月５回無料 （イオン銀行Myステージ「プラチナステージ」）
住信SBI ネット銀行	0.01% SBI証券と連動 （SBIハイブリッド預金）	入出金とも月２～最大20回無料 （スマプロランク「ランク4」） 「ランク2」でも各5回無料！	月１～最大20回無料 （スマプロランク「ランク4」）
ソニー銀行	0.001%	入金：何度でも無料 出金：月４～最大何度でも無料 （Club S「プラチナ」）	月１～最大11回無料 （Club S「プラチナ」）

※1 有料のサービスによる金利上昇は除く　※2 残高300万円超の部分は0.04％
（2023年11月1日時点）

一番低いランクでも入金無制限・出金月４回無料

10秒チェック！

優遇プログラムのランクアップ条件は金融機関により異なります。無料のサービスに申し込むだけなど、達成しやすいものから無理なく取り組んで、ランクアップを目指しましょう。

節約する　使う

071 1分 minute

まずは支出をチェック！

まずはレシートを
きちんともらうことから
始めなきゃ！
OK

お金を貯めるために最優先で取り組むべきは、**支出の削減**です。そのために、まずは大まかな支出の傾向を把握しましょう。

買い物のレシートやクレジットカードの明細を１か月分集めて、**「固定費」「食事・交際費」「その他」の３つに分類**しましょう。そして、金額の多い順にレシートや明細を見直していきます。このとき、必要な支出には○、不要な支出には×、曖昧な支出には△をつけていきます。

×の支出は無駄な支出ですから、次回以降減らすようにします。そして、×の支出がなくなったら、**△も同様に減らしていきます**。こうすることで、自然と支出が減っていきます。

支出の把握には、**スマホの家計簿アプリ**も便利です。たとえば「マネーフォワードME」ではレシートをスマホのカメラで撮影するだけで支出を記録可能。銀行やクレジットカードなどのサービスと連携することでお金の動きを自動的に把握できます。

支出をチェックして家計の無駄を探そう

①レシートや明細を3つに分類する

レシート

カード
明細

固定費　毎月決まってかかる費用（住居費・通信費・水道光熱費など）

食事・交際費　日々の食費や交際費

その他　上記以外（家具・家事用品、交通費、美容費、その他雑費など）

②1か月後に集計する

項目	合計
固定費	8万円
食事・交際費	4万9,000円
その他	4万4,000円

1,000円以下は四捨五入して
大まかに把握しましょう！

③支出を評価する

○ … 必要な支出

× … 不要な支出

△ … 曖昧な支出

次回から×（△）を
減らすようにすれば支出が
確実に減っていきます

家計簿アプリも便利！

マネーフォワードME
株式会社マネーフォワード
アプリ無料（有料版：月480円または年5,300円）

レシートの撮影や金融機関との連携で
収入や支出を記録でき、
簡単に家計簿が作れます

支出は大まかな傾向をつかめれば十分。1円単位で計算を合わせる必要はありません。まずは1か月分の支出をチェックしてみましょう。

節約する

072 1分 minute

現役時代よりもどこを節約するべき？

携帯、サブスク、スポーツクラブ……
固定費多いなぁ

老後の生活費は、**現役時代の生活費の7～8割**になるといわれます。大きな要因は、子どもが巣立つことで教育費がかからなくなるからです。また、老後に向けて毎月貯蓄をする必要もなくなります。しかし、現役時代より収入も減ってしまうのですから、節約が不要というわけではありません。余計な出費が減れば、その分使えるお金が増えることにつながります。

節約の基本は、毎月決まって出ていく**固定費から取り組む**こと。固定費は、金額が大きなものが多く、一度見直せば節約効果が長続きします。特に**水道光熱費や通信費**などは、大きく節約できる可能性があります。

同じ系列のサービスを複数使うことでお得度がアップする経済圏も、割引がたくさん受けられたり、ポイントが多くもらえたりするのでお得です。ポイントも今やお金のようなものですので、きちんと貯めて使うことで支出を抑えることができます。また、50代、60代から利用できる**シニア割**も年齢が高いだけでお得になるわけですから、積極的に活用したいところです。

節約はどうする？

固定費の節約を優先する

優先！

固定費

毎月の支払額が決まっている費用。一度見直せば節約効果がずっと続く

変動費

やりくり次第で支払額が変わる費用。即効性はあるが長続きしにくい

老後に節約を徹底するのも
味気ないもの。
無理なく減らせる
固定費の節約を優先しましょう。
電気代はP178、
通信費はP180で解説します

お得なサービスを活用する

経済圏

5大経済圏を活用して生活をお得で豊かに（P182）

キャッシュレス決済

ポイント還元や割引が受けられる（P184）

シニア割

50代・60代から割引でお得に（P186）

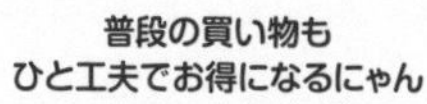

普段の買い物も
ひと工夫でお得になるにゃん

10秒チェック！

老後の生活を楽しむための食費、交際費、趣味費などを切り詰める必要はありません。固定費の削減、お得なサービス・割引を利用したりして、ストレスのない節約に取り組むのが重要です。

振り返りポイント

節約する

073 1分 minute

固定費削減① 電気代の節約

電気とガスを同じ会社から購入する「セット割」を活用すると、年間1万円程度の節約につながる可能性があるので、契約を見直してみましょう。**電気の契約アンペア数を下げる**と同時に使える電力量が減りますが、基本料金も下がります。10アンペア下がると年間数千円程度安くなります。また、「エネチェンジ」など、**電気やガスのプラン比較のできるサイト**を使うと最適なプランを見つけやすいので便利です。

電気代は月55円（税込）程度の口座振替割引が用意されている電力会社が多くありますが、電気代が上がっている今、**クレジットカードで支払ったほうがたくさんポイント還元を受けられる**ケースが多いでしょう。仮に還元率1％のクレジットカードを利用するなら、電気代が5,500円以上ならクレジットカードのほうがお得になります。さらに、ドコモ経済圏やau経済圏などの経済圏（P182）では**電気代を支払うことでポイントがもらえるサービス**も用意されています。

家電の使い方ひとつでも電気料金が大きく変わります。図のような節約をもしまだしていなかったら、ぜひ取り組んでみてください。

電気代の節約術

電気代全般の節約術（ ）内は年間の節約金額の目安

- 電気とガスのセット割（1万円）
- アンペア数を下げる（数千円）
- エネチェンジで乗り換え先をチェックする
- 口座振替またはカード払い、安くなるほうを選ぶ
- 経済圏で電気代が安くできないかチェック

家電ごとの節約術（ ）内は年間の節約金額の目安

- フィルターを月2回掃除（1,120円）
- 使用時間を1日1時間減らす（660円）
- 風向きは上向き
- 扇風機やサーキュレーターで空気を循環
- 室外機は直射日光を避ける
- 窓の外側にすだれや日除けの設置
- 遮熱・遮光カーテン、断熱シートの設置

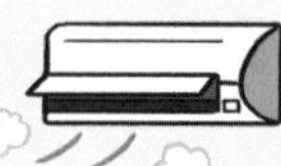

- 設定温度「強」→「中」（2,170円）
- 壁から適切な間隔で設置（1,580円）
- 冷蔵庫にものを詰め込まない（1,540円）
- ガスコンロや給湯器のそば、直射日光など、温度が高いところを避けて置く
- 熱いものは冷ましてから入れる
- 冷凍庫はものを詰め込んだほうがいい

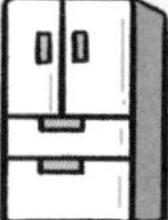

- 暖房の風向きは下向き
- 断熱窓、遮熱カーテンの設置
- 電気カーペット「強」→「中」（6,530円）
- 暖房時の室温は20℃を目安にする（エアコン・1,860円）
- 使用時間を1日1時間減らす（エアコン・1,430円）
- 電気カーペットの下に断熱マットを敷く
- 電気カーペットを組み合わせれば暖房の設定温度を低くできる

- 電気ポットの長時間保温はしない（3,770円）
- 白熱電球をLED電球に交換（3,230円）
- 炊飯器で保温せず、プラグを抜く（1,610円）
- 衣類乾燥機はまとめて使い、回数を減らす（1,470円）
- 電気便座のふたを閉める（1,220円）
- テレビ画面の明るさを調整（950円）
- ドライヤーの使用時間を1日1分減らす（260円）

（出典：東京都「家計の省エネハンドブック2023」より作成）

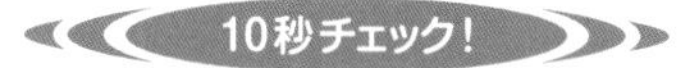

すべて実行すれば、年間で数万円削減できることも！
できることから取り組みましょう。

節約する

074 1分 minute

固定費削減②
スマホ・携帯の通信料金

通信費で破産しそう……

通信費はこの十数年のなかで、上昇率の高い費目です。ドコモ・au・ソフトバンクの大手キャリア３社のサービスを利用しているならば、**各社のサブブランド・格安プランを利用**することで通信費を下げられます。これに乗り換えるだけで、スマホ代が月数千円削減できます。経済圏など、**自分が利用しているポイントやサービスと揃える**ことで、スマホ代がさらにお得になることもあるので、チェックしてみましょう。

ただ、大手キャリアの格安プランであるahamo・povo・LINEMOは原則オンライン申し込みのうえ、困ったときの各キャリアの店舗サポートが有料です。操作に自信がない場合はirumo・UQモバイル・ワイモバイル・楽天モバイルのような**格安スマホ**を利用すれば、店舗でのサポートが受けられます（一部有料のサポートもあります）。

スマホ・携帯の通信料金は一度見直せばいいというものではありません。使い方が変わったらよりよいプランに都度乗り換えたほうが良いです。また、料金プランは頻繁に変更になるので、新しいプランのほうがお得になるという場合もあります。定期的にチェックして、今より安くできないか確認しましょう。

主なスマホ格安プラン

ブランド	プラン名	データ容量・価格	データ繰越	かけ放題（別途費用）
ahamo	ahamo	2,970円（20GB） 4,950円（100GB）	なし	無料（5分）
irumo	irumo	550円（0.5GB） 2,167円（3GB） 2,827円（6GB） 3,377円（9GB）	なし	1,980円（24時間） 880円（5分）
UQモバイル	ミニミニプラン トクトクプラン コミコミプラン	ミニミニプラン 2,365円（4GB） トクトクプラン 2,277円（1GB） 3,465円（15GB） コミコミプラン 3,278円（20GB）	翌月繰越	1,870円（24時間） 770円（10分） 550円（月60分） ※コミコミプランは10分かけ放題無料・1,100円（24時間）
povo	povo2.0	990円（3GB・30日間） 2,700円（20GB・30日間） 6,490円（60GB・90日間）	なし	1,650円（24時間） 550円（5分）
Y! mobile	シンプル2 S/M/L	S 2,365円（4GB） M 4,015円（20GB） L 5,115円（30GB）	翌月繰越	1,870円（24時間） 770円（10分）
LINEMO	ミニプラン スマホプラン	ミニプラン 990円（3GB） スマホプラン 2,728円（20GB）	なし	1,650円（24時間） 550円（5分）
楽天モバイル	Rakuten最強プラン	1,078円（3GB） 2,178円（20GB） 3,278円（無制限）	なし	無料（Rakuten Linkアプリ利用時）

価格は税込。各社の割引・キャンペーンは考慮していない。音声通話はかけ放題でない場合、22円/30秒（2023年11月1日時点）
（※1）基本料金は無料。30日間・90日間有効のデータ容量を購入して使う形式

毎月のスマホ・携帯のデータ通信量・通話時間をチェックして、それにできるだけ合ったプランを契約するようにしましょう。

075 1分 買い物の強い味方「経済圏」ってなに？

● 5つの主な経済圏

PayPay経済圏

携帯・光回線・電気料金はPayPayゴールドカードを使った支払いで還元率が大幅アップする

ポイント	PayPayポイント	
決済方法	PayPay	0.5%
	PayPayカード	1%
	PayPayカードゴールド（1万1,000円）	1.5%
主なサービス	SoftBankスマホ/ケータイ	1.5%/10%
	SoftBank光	1.5%/10%
	ソフトバンクでんき	1%/3%
	Yahoo!ショッピング・LOHACO	7.5%

楽天経済圏

Rakuten

楽天グループの所定のサービスを利用すると「SPU」の対象に。楽天市場での還元率が最大16.5%になる

ポイント	楽天ポイント	
決済方法	楽天ペイ	1%
	楽天カード	1%
	楽天ゴールドカード（2,200円）	1%
	楽天プレミアムカード（1万1,000円）	1%
主なサービス	楽天市場（SPU）	最大16.5%
	楽天ふるさと納税	最大30%
	楽天証券	1%

ドコモ経済圏

NTT docomo

携帯・光回線・電気料金はdカードゴールドを使うと還元率が大幅アップ。ドコモユーザーへの恩恵が多い

ポイント	dポイント	
決済方法	d払い	0.5%
	dカード	1%
	dカードゴールド（1万1,000円）	1%
主なサービス	ドコモ携帯料金	1%/10%
	ドコモ光	1%/10%
	ドコモでんきGreen	3%/6%
	dカードポイントモール	最大15%

経済圏は、系列のさまざまなサービスを複数使うことで
割引やポイントなどの特典を受けられたりするしくみです

au 経済圏

au

携帯料金はau PAYゴールドカードで支払うことで毎月11%※のポイント還元。au・UQユーザーの恩恵が多い

※2024年2月分より10%還元に変更

ポイント	Pontaポイント	
決済方法	au PAY	0.5%
	au PAYカード	1%
	au PAYゴールドカード（1万1,000円）	1%
主なサービス	au携帯料金	1%/11%※
	auでんき・都市ガスfor au	3%
	au Payマーケット	13%
	auじぶん銀行	金利年0.2%

イオン経済圏

ÆON

55歳以上なら「G.G感謝デー」も5%オフ。株主優待のオーナーズカードやアプリクーポンの割引も充実

ポイント	WAONポイント	
決済方法	イオンカードセレクト	0.5%
	イオンカードセレクトゴールド	0.5%
	WAON	0.5%
主なサービス	お客さま感謝デー（20日・30日）	5%オフ
	G.G感謝デー（15日）	5%オフ
	オーナーズカード（キャッシュバック）	最大7%
	イオンネットスーパー	2%

還元率は一例で、使い方・条件により異なります。決済方法の（　）内の金額は年会費。1%/10%など、/で示した還元率は一般カード/ゴールドカードの還元率を表示

10秒チェック！

経済圏も絞ることでお得度がアップ。ネットショッピングをよくするなら楽天経済圏、特に地方在住で近所のイオンを活用するならばイオン経済圏という具合に、使う経済圏を選びましょう。

節約する　使う

076

1分 minute

ポイントカードや
決済方法を
整理してみよう！

定年後に活用したいクレジットカード、電子マネー、スマホ決済

経済圏を使いこなすには、クレジットカード・電子マネー・スマホ決済といった**キャッシュレス決済**が欠かせません。キャッシュレス決済を使うと、**ポイント還元や割引**などが受けられ、次回以降の買い物がお得になります。また、支出の記録も利用明細や利用履歴をみれば済むので簡単です。現金では得られないメリットがたくさんあるのです。利用したい経済圏を決めたら、**その経済圏にあった決済方法を用意して、集中して使うようにしましょう**。

クレジットカード・電子マネー・スマホ決済は使い方によって還元率が変わります。中には、買い物の際にキャッシュレス決済を組み合わせたり、ポイントカードを提示したり、所定のサービスを利用したりすることで**ポイントが二重取り・三重取り**できるものもあります。実質的な還元率を大きくアップできますので、ぜひ用意しておきましょう。

おすすめキャッシュレス決済の使い方

PayPay

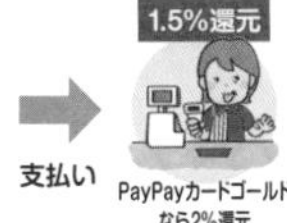

PayPayにPayPayカードで後払い設定すると+0.5%、月30回200円以上利用・10万円利用で翌月+0.5%

楽天ペイ

楽天カードから楽天キャッシュにチャージし、楽天ペイで使うと+0.5%。さらに対象店舗で楽天ポイントカード提示で+1%

dカード

d払いにdカードを紐付けて支払うと+0.5%、さらに対象店舗でdポイントカード提示で+1%

au PAY

au PAYゴールドカードからau PAYにチャージして1.5%還元

イオンカードセレクト

イオン系列の店舗なら1%還元、イオンネットスーパーなら1.5%に

Suica

Suicaへのオートチャージを設定して支払うと1.5%還元。モバイルSuicaの場合、JR線に乗車すると2%還元

nanaco

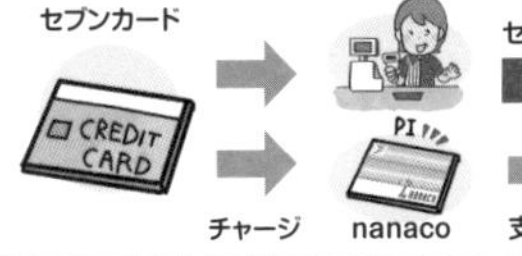

セブン&アイ系列での買い物で1%還元。セブンカードからnanacoにチャージして対象店舗で買い物すると1%還元

ポイントの二重取り・
三重取りを
目指してお得に！

10秒チェック！

キャッシュレス決済もたくさん持つのはNG。クレジットカード・スマホ決済は2つ、電子マネーは1つ、合計5つくらいに絞っておくと、ポイントも貯めやすいですし、お金の流れも複雑にならずに済みます。

077 1分 50代から使えるものも！「シニア割引」

● 買い物・食事

特定の日に
5%オフがうれしい！

所定の日に買い物すると5%オフに。支払い方法が決まっていたり、事前の登録が必要だったりするので準備を忘れずに

	サービス名	対象年齢	割引日	条件
イオングループ	G.G感謝デー	55歳以上	毎月15日 (20日・30日も)	G.Gマーク付きの電子マネー・クレカで決済
イトーヨーカドー	シニアナナコデー	60歳以上	毎月15日・25日 (8日・18日・28日も)	シニアナナコ提示、所定の電子マネー・クレカで決済
スギ薬局	Goハッピーデー	60歳以上	毎月15日～17日	アプリ配信クーポン提示
ツルハドラッグ	シニア感謝デー	60歳以上	毎月15日～17日	ポイントカード提示
すかいらーくグループ	プラチナパスポート	60歳以上	いつでも	店舗・アプリでプラチナパスポートを入手して提示

● エンタメ

映画もスポーツも
安くできる！

映画館をはじめ、スポーツクラブや遊園地、博物館や美術館などにもシニア料金が。チケット購入前に確認しておこう

	サービス名	対象年齢	概要
イオンシネマ	ハッピー55	55歳以上	鑑賞料金1,100円
	夫婦50割引	夫婦どちらかが50歳以上	鑑賞料金2人で2,200円
TOHOシネマズ、MOVIX、ユナイテッド・シネマ、109シネマなど	シニア割引	60歳以上	鑑賞料金1,300円
コナミスポーツクラブ	ゆとりすとの選択Days	60歳以上	平日17時までの利用で およそ月2,000～4,000円割引
ユニバーサル・スタジオ・ジャパン	シニア料金	65歳以上	1デイ・スタジオ・パスが900円引き

年齢のわかる証明書を忘れずに持っていきましょう

お得な割引を使わないと損にゃん！

鉄道・航空会社

全国で利用可能！

JR「青春18きっぷ」（誰でも）

全国のJRの普通列車が5回乗り放題（利用期間に制限あり）。1万2,050円

JR「ジパング倶楽部」（女性60歳 男性65歳～）

JR線きっぷが年20回まで2～3割引。年3,840円（個人）・6,410円（夫婦）※

飛行機も安くなる！

JAL「当日シニア割引」（65歳～）

搭乗日当日に出発空港で空席があれば割引。搭乗日当日出発4時間前から予約可能

ANA「スマートシニア空割」（65歳～）

搭乗日当日に出発空港で空席があれば割引（Web予約可能）

JR北海道「北海道フリーパス」（誰でも）

JR北海道の普通列車・JR北海道バスが連続7日間乗り放題。普通車指定席も6回まで利用可能。2万7,430円

旅行も割安でいける！

JR西日本「おとなび」（50歳～）

会員限定きっぷや旅行プランを購入可能。J-WESTネット会員に登録（無料）

JR東日本・JR北海度「大人の休日倶楽部ジパング」（女性60歳 男性65歳～）

JR東日本とJR北海道のきっぷが何回でも30%割引。年4,364円（個人）・7,458円（夫婦）

JR九州「ハロー！自由時間ネットパス」（60歳～）

JR九州全線が3日間乗り降り自由。普通車指定席も6回まで利用可能。北部九州版9,800円、全九州版19,800円

JR四国「四国フリーきっぷ」（60歳～）

JR四国全線の特急列車・普通列車自由席、土佐くろしお鉄道窪川～若井間自由席、JR四国バスの路線バスに連続3日間乗り放題。1万8,000円

※2024年4月より女性の入会要件が65歳以上になり、夫婦会員の新規入会が停止される

078 1分 minute

医療費の節約ってどうやるの？

マイナ保険証を利用すると、初診・調剤時の費用が1回あたり6円節約できます。また、お薬手帳やお薬手帳アプリを持参した場合も40円安くなる（3割負担の場合）ので、忘れずに持っていきましょう。

かかった医療費が一定金額を超えると節税ができる**医療費控除とセルフメディケーション税制もぜひ活用したい制度**です。

医療費控除は、医療費が**原則年間10万円（所得200万円未満は所得額の5%）を超えた場合、税金が戻ってくる制度**です。医療費控除で認められる費用は右図のとおりで、治療に必要な出費であればほぼ医療費と認められますが、病気の予防や健康維持、疲労回復が目的の出費は認められません。なお、医療費控除は「生計を一にしている親族」の医療費も合算可能。家族でまとめて申請しましょう。

セルフメディケーション税制は、対象医薬品の購入金額が年間1万2,000円を超える金額（最高8万8,000円）が所得控除できます。

なお、医療費控除もセルフメディケーション税制も確定申告が必要です。レシートや領収書、健診の証明書は提出不要ですが、**自宅で5年間保存する必要**があるので、捨てずに取っておきましょう。また、**両制度は併用ができない**ので、より控除額が大きくなるほうを選んで利用してください。

医療費控除とセルフメディケーション税制

こんな費用が医療費控除の対象に

「治療」にかかわる費用はOKですが、
「健診・予防」はNGです

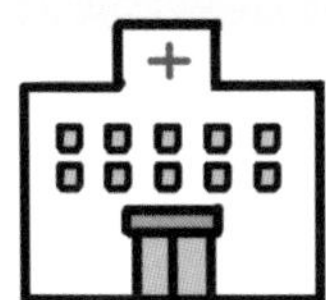

医療費・薬代・入院のための部屋代・食事代

交通費

電車やバスはOK
タクシーはやむを得ない場合OK

治療用の医薬品

風邪薬や湿布など、治療用の医薬品はOK
漢方薬も医師の処方があればOK

治療のためのマッサージ

鍼灸師や指圧師からの
治療目的の施術はOK

セルフメディケーション税制の対象医薬品マーク

セルフメディケーション税制の対象医薬品のマーク

多くの場合、薬の外箱に
このマークが付いているほか、
薬局のレシートにも
★・●などのマークが付いています

10秒チェック!

保険証は今後マイナ保険証に一本化される見通し。マイナンバーカードを作成し、保険証の利用の登録をすれば使えるようになりますので、まだ持っていない方は作っておきましょう。

振り返りポイント

節約する　使う

079 1分 minute

ふるさと納税ってなに？

ふるさと納税は、応援したい自治体に寄附をして手続きすると、**寄附金控除が受けられる制度**。自己負担額2,000円を超えた金額は所得税や住民税から控除できるうえ、寄附先の自治体から各地の名産品や生活用品などの**返礼品（お礼の品）を受け取ることができます**。返礼品は寄附額の3割を上限に設定されています。ただ、自己負担が2,000円で済む寄附額には上限があります。上限を超えて寄附をしても税金は安くならないので、上限額を調べて寄附しましょう。

年金受給世帯でも、ふるさと納税は利用できます。「楽天ふるさと納税」「ふるさとチョイス」などのふるさと納税サイトを利用すると返礼品を検索して寄附先を選ぶことができて便利です。

ふるさと納税をしたら、確定申告で寄附金控除の手続きを行うことで税金が安くできます。e-Taxを利用すれば「寄附金受領証明書」「寄附金控除に関する証明書」の提出も不要です。ただし、これらの**証明書は5年間保管**しておくようにしましょう。

年金受給世帯でもふるさと納税はできる

● ふるさと納税のしくみ

たとえばこんなものがもらえる……

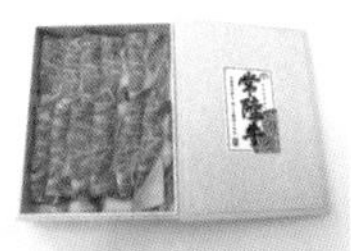

茨城県境町
常陸牛
霜降りスライス400g
1万2,000円

秋田県男鹿市
あきたこまち
白米 5kgx2袋
1万7,000円

岐阜県本巣市
消臭剤・洗剤
（日用品セットB）
10,000円

ふるさと納税をしたら
確定申告を忘れずに！
なお、会社員や公務員なら
条件を満たせば
確定申告が不要の
「ワンストップ特例制度」も
利用できます

● 年金生活者の自己負担2,000円となる寄附額目安

年間の年金額	65歳未満		65歳以上	
	独身	配偶者が専業主婦（夫）	独身	配偶者が専業主婦（夫）
150万円	1万1,000円	3,000円	0円	0円
200万円	2万0,000円	1万1,000円	1万2,000円	4,000円
250万円	2万8,000円	2万0,000円	2万4,000円	1万5,000円
300万円	3万7,000円	2万9,000円	3万6,000円	2万7,000円
350万円	4万6,000円	3万8,000円	4万6,000円	3万8,000円
400万円	5万8,000円	4万7,000円	5万8,000円	4万7,000円

ふるさと納税では税金を先払いしているので、税金が安くなるわけではありません。しかし、自己負担2,000円で返礼品がもらえる点はお得です。

節約する

080 1分 minute

確定申告すると得するかも

年金生活者でも確定申告したほうがいい

年金生活者は右図の条件を満たせば**確定申告不要制度の対象**になります。しかし、**確定申告をすることで税金が減り、手取りを増やせるケース**もあります。会社員や公務員だったころは大部分が年末調整で手続きできましたが、勤め先を退職すると年末調整はありません。したがって、確定申告をしたほうがいい、というわけです。**確定申告をしたほうがいい人の条件はP194**で紹介します。

確定申告では、毎年1月1日から12月31日までの1年間の所得を、翌年の2月16日から3月15日（土日の場合は次の平日）までに申告します。便利なのは**スマホやパソコンから手続きができる「e-Tax」を利用すること**。国税庁ホームページの「確定申告書等作成コーナー」から、案内にしたがって金額を入力するだけで税額が自動的に計算されます。さらに、マイナンバーカードがあれば**「マイナポータル」から確定申告に必要な「公的年金等の源泉徴収票」などの情報が連携できる**ので、手軽です。税務署などに足を運ぶ必要なく、いつでも確定申告ができます。

なお、管轄の税務署や確定申告会場でも確定申告は可能。対面で担当者と相談しながら確定申告することができます。

毎年確定申告しよう！

確定申告が不要な人は多いが……

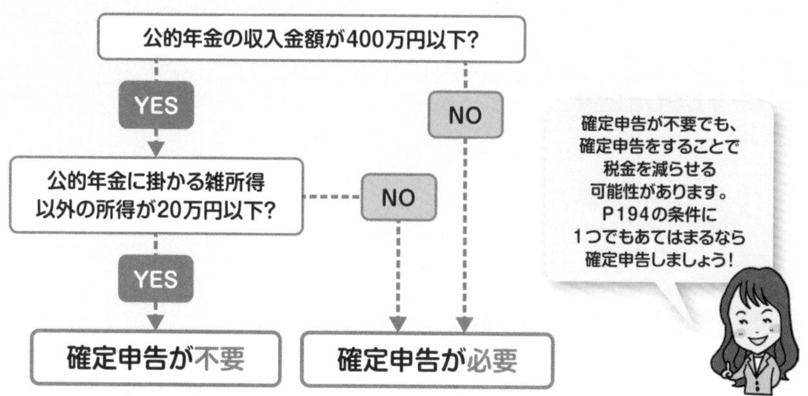
公的年金の収入金額が400万円以下？
YES
NO
公的年金に掛かる雑所得以外の所得が20万円以下？
NO
YES
確定申告が不要
確定申告が必要
確定申告が不要でも、確定申告をすることで税金を減らせる可能性があります。P194の条件に1つでもあてはまるなら確定申告しましょう！

確定申告するには？

おすすめ！ e-Tax

国税庁「確定申告書等作成コーナー」で必要な情報を入力するだけ。マイナンバーカードと連携すると控除に必要な情報も自動入力。できた確定申告書もe-Taxで提出可能

税務署・確定申告会場

○○税務署

税務署や確定申告会場では担当者と対面で確定申告書の作成が可能。疑問点が解決しやすいが、期間中混み合っているうえに、利用には予約が必要なことも多い

e-Taxは今やスマホでも利用できます。自宅でも簡単に確定申告ができて便利ですので、ぜひ活用しましょう

10秒チェック！

年金生活者には確定申告不要制度がありますが、確定申告したほうが手取りを増やせる場合も。該当する場合は面倒くさがらずに確定申告しましょう。

振り返りポイント

081 確定申告チェックリスト

確定申告したほうがいい人

1	年の途中まで働き、年末調整を受けずに辞めた人	勤務先の年末調整が受けられていないので、所得税を納めすぎになっているケースがほとんど。確定申告で還付が受けられる
2	「扶養親族等申告書」を提出し忘れた人	毎年9月ごろに郵送で届く「扶養親族等申告書」を提出していないと、配偶者控除や扶養控除が適用されずに税金が計算されてしまう。確定申告で還付が受けられる
3	生命保険料控除・地震保険料控除がある人	毎年10～11月ごろに届く控除証明書を確認して確定申告すると税金が安くできる
4	医療費控除・セルフメディケーション税制が利用できる人 (→P188)	【医療費控除】 年間の医療費が10万円(所得200万円未満の場合は「所得の5%」)を超えた場合、確定申告すると税金が安くできる 【セルフメディケーション税制】 対象の市販薬の購入費用が1万2,000円を超えた場合、確定申告すると税金が安くできる
5	ふるさと納税をした人 (→P190)	2,000円を超える金額を所得税・住民税から控除できる
6	雑損控除がある人	災害や盗難にあった場合、 (1) 損害金額＋災害等関連支出－保険金等－所得額×10% (2) 災害関連支出 - 保険金等 － 5万円 の多いほうの控除が受けられる
7	住宅ローン控除・投資型減税がある人 (→P154)	【住宅ローン控除】 住宅ローンを利用して自宅を購入している場合、年末時点の住宅ローン残高の0.7%を控除できる 【投資型減税】 自己資金で自宅をバリアフリー・省エネ・耐震性能アップなどリフォームした場合、リフォーム費用の10%の控除が受けられる
8	損益通算・繰越控除ができる人	【損益通算】 2つの証券会社で買った商品(投資信託など)の利益と損失を相殺することで、税金を安くできる 【繰越控除】 損益通算で引ききれない損失を翌年以降3年間にわたって繰り越して相殺できる

毎年確定申告できるか
確認にゃん！

年末調整を受けずに退職

年末調整を受けてないと
税金を納めすぎに
なっていることがほとんどです

扶養親族等申告書

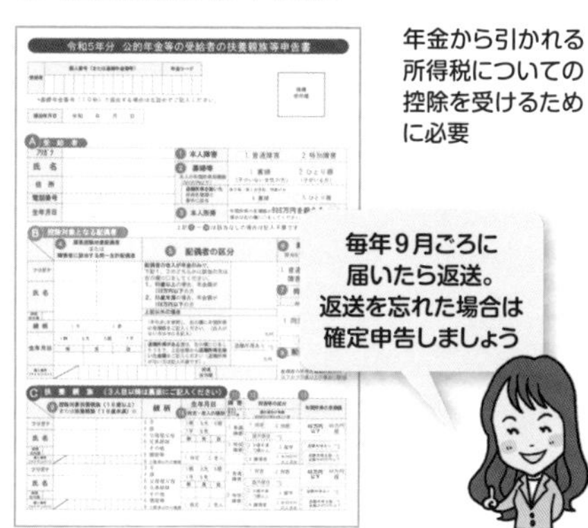
令和5年分　公的年金等の受給者の扶養親族等申告書

年金から引かれる
所得税についての
控除を受けるため
に必要

損益通算

複数の口座の利益と損失を相殺

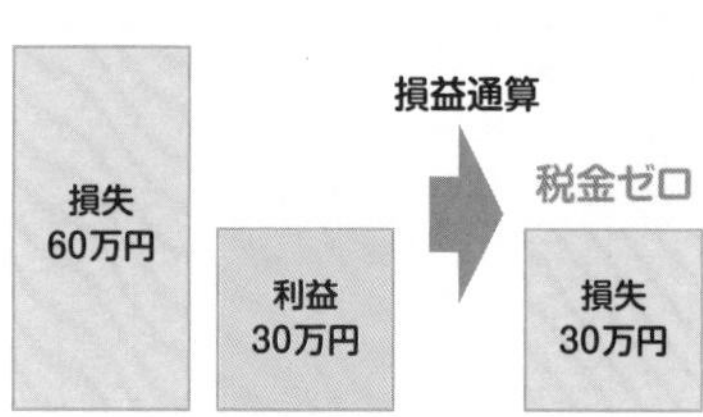

口座A　口座B

繰越控除

引ききれない損失を最大3年繰越

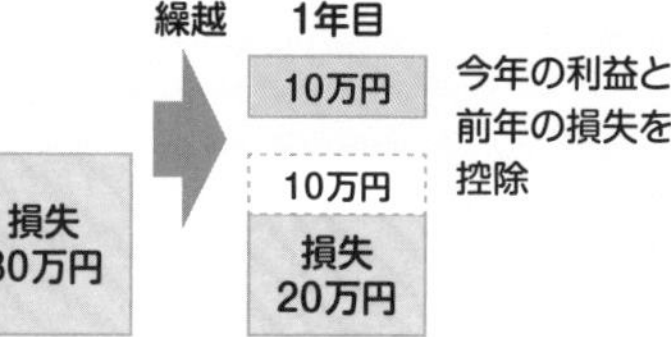

雑損控除

災害や盗難で税金が安くなる

万が一の被害にあったときにも
確定申告しましょう
なお、詐欺や恐喝は対象外です

その6

ゆとりある老後の生活とは?

生命保険文化センター「生活保障に関する調査」(2022年度)によると、夫婦2人が生活を送るうえで必要な「老後の最低日常生活費」の平均額(月額)は23.2万円となっています。日本年金機構が示す2023年度の夫婦の「標準的な年金額」(老齢厚生年金と2人分の老齢基礎年金)の合計(月額)は22万4,482円ですから、割と近い金額になっています。しかし、1章でも軽く紹介しましたが「老後の最低日常生活費」に「老後のゆとりのための上乗せ額」を合計した「ゆとりある老後生活費」は平均で37.9万円となっています。

老後のゆとりのための上乗せ額の使途として挙げられているもの(複数回答)でもっとも多いのが「旅行やレジャー」(60.0%)。同調査では毎回旅行やレジャーが首位になっています。また、2位以下も「日常生活費の充実」(48.6%)、「趣味や教養」(48.3%)、「身内とのつきあい」(46.2%)などと続いていて、老後の楽しみを謳歌したい様子がうかがえます。

もちろん、ゆとりある老後生活費はあくまで平均です。人により必要な金額は異なります。ただ、このまま何もせず老後に年金をもらうだけでは、ゆとりある老後の生活は望めそうにありません。

ゆとりある老後の生活を実現するには、もらえる年金を増やす、収入を増やす、お金を働かせて増やすといった「お金を増やす行動」(資産形成)が欠かせません。具体的には、

①国民年金保険料の未納をなくす、任意加入する(➡P38)
②長く働いて勤労収入を得て、老後の年数を減らす(➡P198)
③60歳以降も厚生年金に加入しながら働いて年金を増やす(➡P78)
④年金を繰り下げ受給する(➡P52)
⑤NISAやiDeCoを利用してお金を増やす(➡P128、130、132、134)

といったことが挙げられます。

ゆとりある老後の生活を実現するためにも、できるだけ多くの方法を取り入れて、資産形成を進めましょう。

第7章

1分でわかる！
老後の働き方の基本

定年後も働くことは、「収入」や「ゆとり」をもたらすだけでなく、老化を防ぎ、社会とのつながりを保つことにもつながります。この章では、定年後の「仕事」と「お金」のこと、働くことをサポートするさまざまなしくみについて解説します。ご自身の考える定年後のライフスタイルに合った働き方を探してみてください。

備える

082 1分 minute

定年後いつまで働く？

定年といえば「60歳」のイメージがある方も多いと思いますが、厚生労働省「就労条件総合調査」（2022年）によると、定年制がある企業のうち**定年を「60歳」とする企業は72.3%、「65歳」とする企業は21.1%**あります。定年を65歳とする企業が少しずつ増えています。企業は定年後も従業員の希望があれば**65歳まで雇用する義務**があります。

とはいえ、実際は定年後も働く60代・70代はたくさんいます。**男性の4割以上、女性の約2割以上が70歳以降も働いています**。60歳で退職してあとは余生を送る人はむしろ少数派なのです。

また、60歳以降は収入が下がる傾向があります。給与所得者の平均給与は50代がピークで、そこからは高齢になるにつれて下がっていきます。定年後の働き方には、再雇用・再就職、フリーランス、起業などがありますが、**どれを選んだとしても年収は下がる**のが現実です。

定年後も働く人は多い

● 55歳以上の就業者は多い

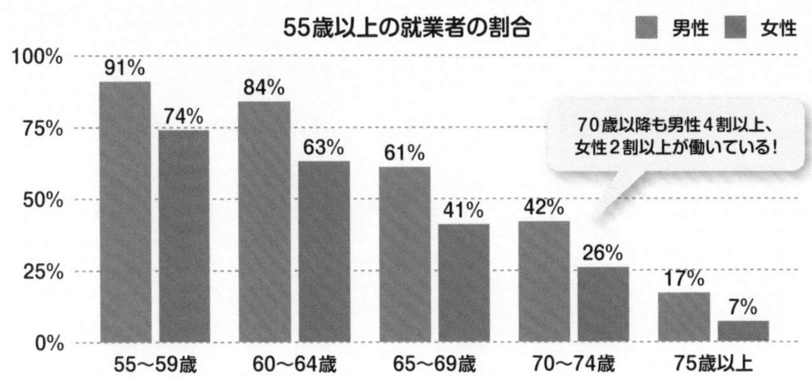

（出典：内閣府「令和５年版高齢社会白書」）

● 60歳から給与が大きく減る

60歳前半から男女とも
大きく減っていることがわかります

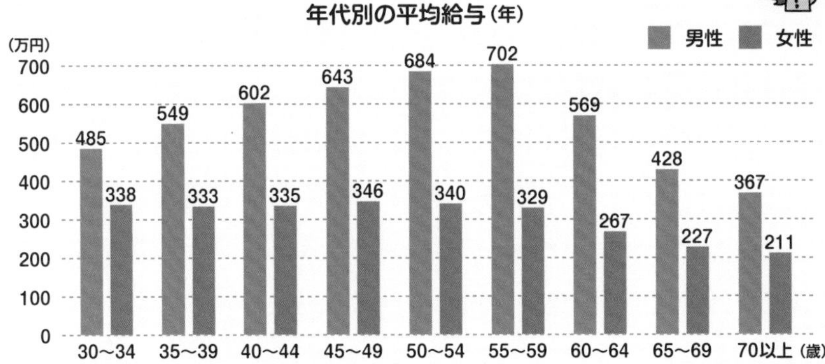

（出典：国税庁「令和４年分民間給与実態統計調査」）

10秒チェック！

60歳以降もできるだけ長く働く準備をしましょう。年金の繰り下げ受給でもらえる年金額が増やせるうえ、健康維持にも役立ちます。また、退職後にブランクがあると働き口が少なくなってしまいます。

備える

083 1分 minute

どんな働き方があるの?「再雇用・再就職」

定年後の働き方でもっとも多いのが、同じ会社に再び雇用される「**再雇用**」です。再雇用の多くは**非正規社員**。内閣府「令和5年版高齢社会白書」によると、55〜59歳時点で男性11.0%・女性58.9%だった非正規社員の割合が、**65〜69歳時点では男性67.3%・女性84.3%**になっています。

もっとも、再雇用も楽ではありません。パーソル総合研究所「シニア人材の就業実態や就業意識に関する調査」では、再雇用で約9割の人が「年収が下がった」と回答。**減額率の平均は実に44.3%**にもなっています。それでいて、定年前と**ほぼ同様の業務をしている人が55%**もいます。

別の会社や業界に**再就職**して、自分の経験やスキルを生かす道もあります。実力次第では、現役並みの収入が維持できるかもしれません。しかし、簡単に再就職先が見つかるとは限りません。もし再就職するならば、**40代・50代と早いうちからキャリアプランを立てておく**のが大事です。

年収は下がっても仕事の内容は変わらない

● 定年後再雇用者の年収の変化

● 定年後再雇用者の職務の変化

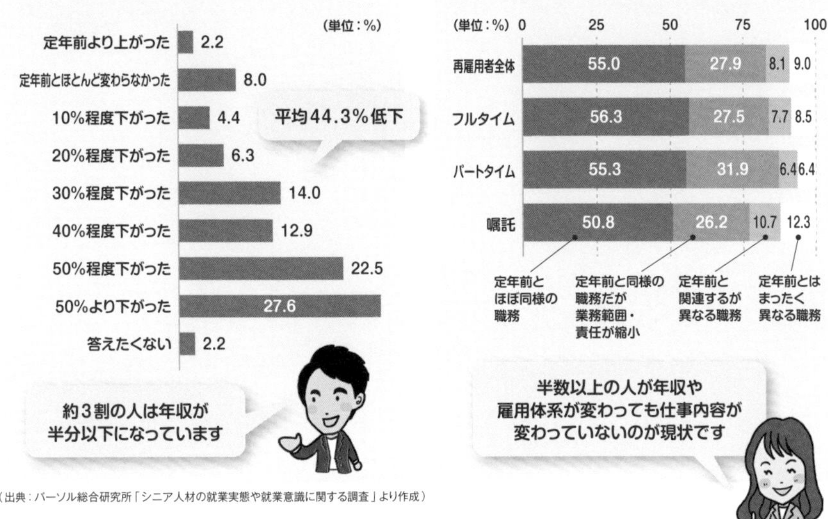

（出典：パーソル総合研究所「シニア人材の就業実態や就業意識に関する調査」より作成）

● 業界では当たり前のスキルも他業界では評価アップ

前職 金融業界の経理 → 再就職 金融業界の経理 ➡ 収入横ばい

前職 金融業界の経理 → 再就職 製造業の経理 ⬆ 収入アップ

前職 保険会社の営業 → 再就職 メーカーの営業 ⬆ スキル評価アップ

再就職先はハローワークで探すだけでなく、
これまでの人脈を生かして探すのもひとつの方法。
また、これまでに得たスキルを他業界で生かすことで
評価アップにつながることもあります

10秒チェック！

定年後、再雇用される場合でも、いったん定年退職をしてから再雇用契約を結び直すのが一般的。勤務条件や待遇などをよく確認しておきましょう。

備える

084 1分 minute

再雇用・再就職時に使える高年齢雇用継続給付

定年後の再雇用や再就職による収入減を補う給付金に「高年齢雇用継続給付」があります。高年齢雇用継続給付には、「高年齢雇用継続基本給付金」と「高年齢再就職給付金」の２種類があります。

高年齢雇用継続基本給付金は同じ**会社に再雇用された場合の給付金**。失業手当（雇用保険の基本手当）を受け取らずに働き続けた人が対象です。一方の高年齢再就職給付金は**失業手当を受け取って再就職した場合の給付金**です。どちらも、60歳以降の給料が60歳時点の**75％未満**になったときに、**最大で15％の給付金**が受け取れます。

65歳未満で特別支給の老齢厚生年金を受給する人が高年齢雇用継続基本給付金を一緒にもらうと、**特別支給の老齢厚生年金の一部がカット**されます。しかし、高年齢雇用継続給付の給付率は最大15％なのに対して、特別支給の老齢厚生年金の減額率は最大6％。高年齢雇用継続給付よりも特別支給の老齢厚生年金のほうがたくさん減る、ということはありません。60歳以降働くことで厚生年金を増やすこともできるので、**特別支給の老齢厚生年金の減額は気にせず働いたほうがいいでしょう。**

収入減を補う高年齢雇用継続給付

● 2つの高年齢雇用継続給付

種類	高年齢再就職給付金		高年齢雇用継続基本給付金
受給条件	60歳以上65歳未満		
	雇用保険の被保険者期間が5年以上		
	60歳以降の賃金が60歳時点の75%未満に低下		
	基本手当を100日以上残して安定した職業※に再就職した		同じ会社に継続雇用、または失業手当を受けずに再就職
受給期間	基本手当の支給残日数100日以上200日未満	1年間	60歳に達した日の属する月から65歳に達する日の属する月まで。最大5年間
	基本手当の支給残日数200日以上	2年間	

※1年以上確実に雇用されることが条件

高年齢雇用継続基本給付金のほうが受給期間が長くなっています

● 高年齢雇用継続基本給付金と特別支給の老齢厚生年金の関係

給付金の額＝現状の賃金×給付率
支給停止割合の額＝現状の賃金×支給停止割合

現在の給料の60歳時点からの低下率	高年齢雇用継続給付の給付率	特別支給の老齢厚生年金の支給停止割合
75%以上	0.00%	0.00%
74.00%	0.88%	0.35%
73.00%	1.79%	0.72%
72.00%	2.72%	1.09%
71.00%	3.68%	1.47%
70.00%	4.67%	1.87%
69.00%	5.68%	2.27%
68.00%	6.73%	2.69%
67.00%	7.80%	3.12%
66.00%	8.91%	3.56%
65.00%	10.05%	4.02%
64.00%	11.23%	4.49%
63.00%	12.45%	4.98%
62.00%	13.70%	5.48%
61%以下	15.00%	6.00%

例）
- 60歳時点の賃金 40万円
- 現在の賃金　20万円
- 特別支給の老齢厚生年金 月10万円

の場合の総収入

賃金が60歳時点の50%なので
- 高年齢雇用継続給付の給付率：15%
- 特別支給の老齢厚生年金の減額率：6%

20万円（現在の賃金）
＋3万円（高年齢雇用継続基本給付金の給付額）
＋10万円（特別支給の老齢厚生年金）
−1万2,000円（年金の支給停止額）
＝31万8,000円

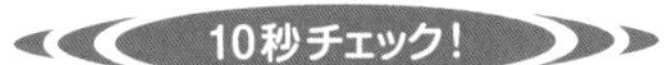

高年齢雇用継続給付の手続きは会社でできます（高年齢雇用継続基本給付金の手続きは自分ですることも可能）。該当するなら、忘れずに手続きをしましょう。

備える

085 1分 minute

どんな働き方があるの？「フリーランス」

フリーもいろいろ
芸は身を
助けるのよ

定年後、フリーランスとなり「**業務委託**」の形で仕事を請け負う働き方もあります。勤めていた会社と業務委託契約を結び、今までの仕事を**個人事業主として受注するスタイル**です。複数の会社から仕事を請け負う人もいます。

業務委託の場合、委託された業務を期日までにこなせばいいので、自分の好きな時間・場所・仕事で稼げます。仕事量も自分で調整できるので、自分の時間の確保もしやすいでしょう。**専門的なスキルがあれば、会社に勤めるよりも収入がアップする可能性**もあります。さらに、たくさん稼いでも在職老齢年金（P68）によって**年金額が減額されることはありません**。スキルが高く、会社勤めでも年収が高くなってしまう方や、会社に縛られなくても仕事がある方は、ぜひ検討したい選択肢です。

ただし、再雇用や再就職と違って、収入は安定しません。仕事をきちんとできなければ、次の仕事がないということも。よくも悪くも**自分の裁量・責任**が問われます。また、会社の社会保険に加入できないこと、確定申告や税金の支払いを自分でしなければならないことにも注意が必要です。

フリーランスのメリット

がんばり次第で収入アップの可能性

これまでに培ったスキルを活用することで、会社勤めよりも稼げる場合も

自分の裁量で自由に働くことができる

仕事する場所・時間・仕事量などを自分で調整できる。休日も自分次第

在職老齢年金の対象外

いくら稼いでも在職老齢年金（P68）の対象にならないので、年金は減額されない

人間関係で悩むことが少なくなる

上司や部下もいないので、人間関係のストレスは比較的少なくできる

仕事にかかった費用を経費で計上できる

経費にすることで課税所得を減らし、税金を減らすことができる

デメリットも……

- 収入が安定しない
- 社会保険に加入できない
- 厚生年金に加入できない
- 労働基準法の対象外
- 確定申告や税金の支払いが必要 など

会社勤めよりも自由ですが、
収入が安定しないことも。
良くも悪くも自分次第です

10秒チェック！

高齢になっても仕事を受注し続けるには、人脈を築いておくこと、スキルを磨いておくことが大切。早いうちから時間をかけて取り組みましょう。

備える

086 1分 minute

どんな働き方があるの？「起業」

これまでの経験を生かしてチャレンジ！

個人事業主として起業して、自分で事業を行うのも1つの選択肢です。日本政策金融公庫の「2022年度新規開業実態調査」によると、開業者の平均年齢は43.5歳。**50歳代19.3%、60歳代7.5%**となっています。

起業すれば、自分のしたいことを仕事にできます。業務委託同様、定年もありませんので、自分が希望する限り働き続けられます。一見ハードルが高そうですが、税務署に開業届を出すだけで「個人事業主」となりますから、それほど難しいことはありません。

ただ、起業すればすぐに稼げるというものでもありません。仕事で稼げなくても、失敗しても、責任はすべて自分でとらなければなりません。とくに最初のうちは、収入が安定せず赤字になることもあります。

それでも、将来的に開業するならば、**開業前にかかった「開業費」の領収書はすべて保存**しておきましょう。開業費は**「繰延資産」といって、後から経費として計上**できます。仕事が軌道にのり、利益が大きくなったら経費として計上することで節税ができます。

起業のメリット

自分の裁量で自由に働くことができる

業務委託と同様働き方の裁量は自分次第。好きな時間・場所で働ける。定年もない

開業届を出せば個人事業主

税務署に開業届を出すだけで初期費用も不要。かかる費用も経費にできる

自分のしたいことを仕事にできる

会社を興して社長になったり、自分だけの店を開いたりすることができる

起業した当初は収入が安定しないことも。しかし、フリーランスよりもやりたいことができます

開業に関わる費用なら何年前のものでも開業費にできます。領収書を保存しておきましょう

● 開業費は後の黒字と相殺できる

【開業費の例】

- 開業に関連する飲食費
- 交通費、旅費、通信費
- システム利用費
- 名刺や印鑑などの作成費
- 本や資料の代金

など

例）1年目赤字・2年目収支トントン・3年目黒字となったとき

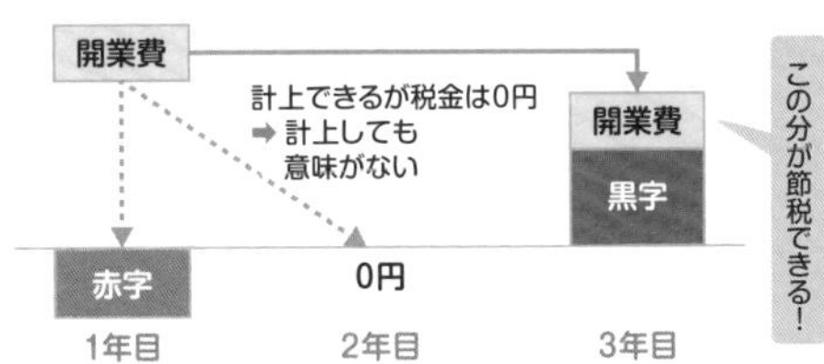

10秒チェック！

定年後に会社を設立して社長になったり、お店を立ち上げたりと、夢を叶える働き方もできます。ただ、甘い世界ではないので、40代・50代と若いうちから準備が必要です。

節約する　備える

087 1分 minute

青色申告、白色申告ってなに？なぜ青色申告をしたほうがいいの？

ひと手間かかるけど
メリットだらけです

個人事業主は、所得が48万円を超える場合は確定申告が必要です。確定申告には「青色申告」と「白色申告」の２種類があります。当然、節税メリットが大きい**青色申告をするのがおすすめ**です。

青色申告を行うと、必要経費を差し引いた所得からさらに**最大65万円の「青色申告特別控除」**を受けることができます。e-Taxによる電子申告または電子帳簿保存をした場合、最大で65万円の控除が受けられます。また「損失の繰越控除」によって、**赤字を最大で３年間繰り越す**ことができます。赤字と黒字を相殺することで、**税金を少なくすることができます**。

さらに、青色申告をすると**家族などに支払う給与**（専従者給与）**を経費**にできます。家族には給与所得が発生しますが、年間103万円までであれば所得税がかかりません。そのうえ、仕事で利用する30万円未満のものを購入した場合に、一括で経費にできます。

メリットの多い青色申告

● 最大65万円の控除が受けられる

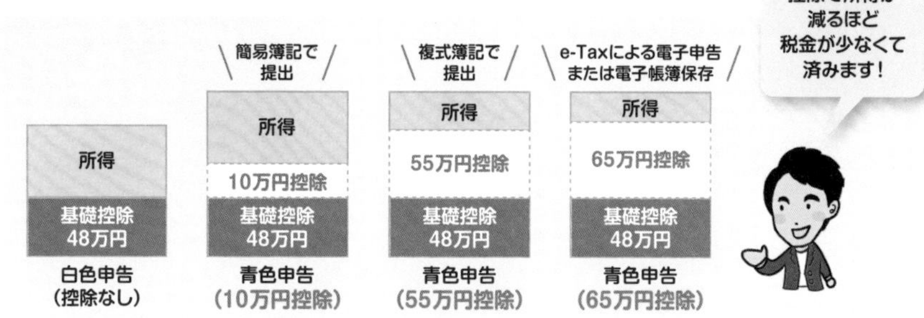

● 損失の繰越控除で赤字を３年繰り越せる

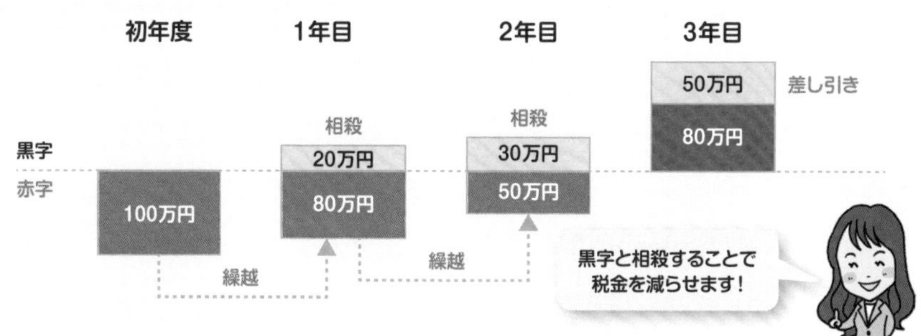

● 家族に給与を支払える

支払った給与は経費として所得から差し引ける

● 30万円まで一括で経費

経費を前倒しでき、所得が減らせる

※減価償却：複数年にわたって経費にする手続き

10秒チェック！

「freee（フリー）」「マネーフォワードクラウド会計」などの会計ソフトを使えば、青色申告に必要な複式簿記も簡単に作れるようになっています。ぜひ活用しましょう。

備える

088 1分 minute

定年退職するにもコツが必要なのです

定年退職しても失業手当はもらえるの？

再就職したいものの、退職時点ではまだ仕事が決まっていない場合、失業手当（雇用保険の失業等給付の基本手当）を受け取ることができます。定年退職は会社都合での退職となるため、**失業手当の２か月の給付制限はありません**（7日間の待機期間はあります）。なお、会社が定める定年より前に退職すると自己都合での退職になるため、給付制限があります。

なお、失業手当が受け取れるのは**65歳未満**まで。65歳以降は失業手当ではなく、**高年齢求職者給付金を受け取る**ことになります。

失業手当と高年齢求職者給付金では、給付金額に大きな違いがあります。1日あたりの給付金額はそれほど大きく変わりませんが、**失業手当は最長150日分**受け取れるのに対し、**高年齢求職者給付金は30日または50日分**しか受け取れないからです。

失業手当を受け取るには、65歳未満で退職すればいいのですが、同時に特別支給の老齢厚生年金をもらったり、老齢年金の繰り上げ受給をしたりする場合は、**老齢年金が停止**されてしまいます。65歳になる直前、64歳11か月で退職すれば、失業手当も受け取れ、65歳からの年金も減額されずに受け取れます。ただし、**会社によっては退職金や賞与の金額が減る場合がある**ので、事前に確認してください。

失業手当と高年齢者求職給付金

	失業手当（雇用保険の基本手当）	高年齢求職者給付金
対象年齢	60～65歳未満	65歳以上
支給金額	賃金日額の45～80%	賃金日額の50～80%
給付日数	90～150日	30日または50日
基本手当日額※	2,196～7,294円	2,196～6,945円
支給方法	4週に一度の認定ごと	一括
年金の併給	不可能	可能

※2023年8月～の金額

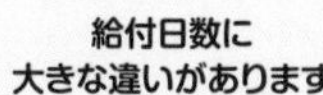

給付日数に
大きな違いがあります

例）賃金日額1万円の人が
失業手当（150日）・高年齢求職者給付金（50日）を受け取る場合

- 失業手当
  基本手当日額　5,020円×150日＝75万3,000円
- 高年齢求職者給付金
  基本手当日額　6,036円×50日＝30万1,800円

失業手当と高年齢求職者給付金で、約45万円も違う！

10秒チェック！

法律では誕生日の前日に年齢が上がるので、「65歳の誕生日の前々日」に退職しないと64歳扱いにならない点に注意しましょう。

備える

089 1分 minute

再就職してもらえる給付金ってなに？

早く就職するほど
たくさん
もらえるなんて！
60

再就職後、給与が減ってしまった場合には高年齢再就職給付金がもらえることをP202で紹介しました。これとは別に、再就職した場合にもらえる給付金に再就職手当があります。

再就職手当は、**失業手当を受給している人が再就職したときに支給される手当**です。失業手当を受給している間に再就職すると、失業手当の給付は終了します。しかし、失業手当の支給残日数が所定給付日数の3分の1以上ある場合は基本手当日額の60%、3分の2以上ある場合は70%の金額が再就職手当として受け取れます。**早く再就職するほどたくさん受け取れるため、早期の再就職を促す意味で設けられています**。なお、再就職手当をもらった後に退職しても再び失業手当を申請できますし、返金する必要もありません。

再就職手当を受け取るには、ほかにも「再就職先で1年以上働ける見込みがあること」「過去3年以内に、同様の手当を受けていないこと」「受給資格決定前に再就職先が内定していないこと」といった条件をすべて満たす必要があります。再就職した場合には、再就職手当の条件を満たしているかどうかをチェックし、受け取れるならば申請しましょう。

再就職手当でいくらもらえる？

● 再就職手当とは？

再就職手当　失業手当を受給している人が再就職したときに支給される手当

● 再就職手当がもらえる人の６つの条件（すべて満たす必要）

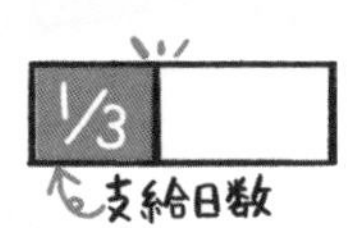

失業手当の支給残日数が3分の1以上

離職前と同じ会社・関連会社以外に就職

７日間の待機期間が終わってから就職

待機期間後１か月以内はハローワークで就職
（自己都合退職の場合のみ）

過去３年以内に再就職手当を受け取っていない

再就職先で、１年を超えて勤務することが確実であること

● 再就職手当はいくらもらえる？

早く就職が決まるほど
たくさんもらえる！

失業手当の支給残日数が所定給付日数の

3分の1以上：基本手当日額 × 支給残日数 × 60%
3分の2以上：基本手当日額 × 支給残日数 × 70%

例）基本手当日額5,000円、所定給付日数150日の方が待機期間中に就職した場合
失業手当の支給残日数は150日（まだもらっていない）ので、「3分の2以上」に該当

5,000円×150日×70%＝52万5,000円

10秒チェック！

再就職手当を受け取るには、ハローワークと再就職先でそれぞれ手続きが必要。申請は原則再就職後１か月（ただし2年以内なら申請可能）ですので、忘れずに手続きをしましょう。

備える

090

高年齢求職者給付金のメリットは?

失業手当は65歳になると受け取れなくなり、代わりに「高年齢求職者給付金」が受け取れるようになります。高年齢求職者給付金は、**「65歳以降の失業手当」**ともいうべきお金です。ただ、もらえる日数が失業手当より少なくなるため、可能ならば64歳11か月で退職して、失業手当を受け取ったほうがいいとお話ししました。しかし、高年齢求職者給付金にもメリットはあります。

高年齢求職者給付金は**老齢厚生年金と一緒に受け取る**ことができます。しかも、30日分または50日分のまとまった金額が一度に受け取れます。

また、高年齢求職者給付金には、年齢の上限や受給回数の制限もありません。**離職して条件を満たすたびに何度でも受け取れます**。

65歳以降に退職し、次の仕事を探すなら、忘れずに手続きをして、高年齢求職者給付金を受け取りましょう。

高年齢求職者給付金にもメリットはある

● 高年齢求職者給付金のメリット

老齢厚生年金と一緒に受け取れる

高年齢求職者給付金は失業手当と違い、老齢厚生年金と一緒に受け取れます。しかも一括なので、まとまった金額が受け取れます

何度でももらえる

高年齢求職者給付金は、離職して条件を満たすたびに何度でも受け取れます。年齢や回数による制限もありません

失業手当よりも金額は少ないものの、受け取りの面ではメリットもあるにゃん

● 高年齢求職者給付金の計算方法

雇用保険の加入期間が1年未満でも30日分もらえるので、65歳以降繰り返しもらうこともできます

基本手当日額 × 支給日数

- 基本手当日額：退職前6か月の賃金÷180「賃金日額」の50～80％
- 支給日数：雇用保険の被保険者だった期間が
  1年未満：30日分　1年以上：50日分

※計算例はP211参照

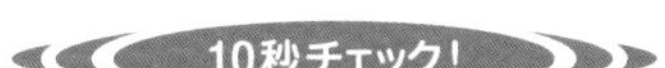

高年齢求職者給付金の受給期限は、離職日の翌日から1年です。受給期限を過ぎた日数については受け取れません。次の仕事を探す都合もあるので、なるべく早く手続きしましょう。

備える

091 1分 minute

職業訓練は受けたほうがいいの？

60の手習い。Webデザイナーになれるかな？

失業手当を受給している方が受けられる公共職業訓練には、機械加工、印刷、旅行、Webデザインなどさまざまな講座があります。受講期間はおおむね3か月から2年で、受講料は無料です（別途教材費など、実費負担あり）。自費で専門学校に通うより費用負担が少なくて済みます。

公共職業訓練のメリットは、スキルが身につくことだけではありません。中でも大きいのが、**失業手当がもらえる期間が延長される**ことです。60歳以上65歳未満の場合、失業手当の給付日数は90～240日（雇用保険の被保険者期間により異なる）ですが、公共職業訓練を受けている間は、**その訓練終了日まで失業手当の支給が延長されます**。

また、公共職業訓練を受講していると、**受講手当**（1日500円・上限2万円）、**交通費として通所手当**（最高4万2,500円）、家族と別居する場合の通所手当（月額1万700円）も受け取れます。

そのうえ、公共職業訓練を受講すると、自己都合退職の場合にある2～3か月の給付制限期間がなくなったり、失業認定日にハローワークに足を運ぶ必要がなくなったり、仕事を紹介してもらえることがあったりと、サポートが手厚くなっています。

公共職業訓練で失業手当にメリットあり！

● 技術を身につけながら、手当も受けられる

メリット1

失業手当が延長される

職業訓練が始まったタイミングで、給付制限は解除になる　　訓練終了日まで失業手当が出る！

ハローワーク

離職票を提出 → 待機期間 → 給付制限 → 訓練開始 → 訓練終了

メリット2

失業手当以外の手当がもらえる

- 受講手当
- 通所手当
- 寄宿手当

メリット3

ほぼ無料でスキルが身につく！

- 機械加工
- 自動車整備
- 経理事務
- 印刷
- 介護
- 建築
- Webデザイン
- 旅行 など

● 受講しない人、した人でどのくらい差が出る？

【条件】失業手当で日額5,000円、150日間受け取れる人が受講しない・する場合

ケース❶ 受講しなかった場合

とりあえず、
失業手当だけもらいます

5,000円×150日＝**75**万円

ケース❷ 受給期間を100日残して6か月（180日）の公共職業訓練を受講

再就職先を探すためにも
公共職業訓練に参加します

5,000円×（150日−100日＋180日）
＝**115**万円

受講の有無で40万円もの差が出る！

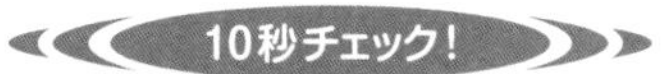

公共職業訓練を受けるには、失業手当の給付日数が一定以上残っている必要がありますので、早めに相談しましょう。

節約する

092 1分 minute

個人事業主がいい？ 法人がいい？

個人事業主より
法人のほうが
信用がある？
個人
法人

個人事業主のなかには、**法人を設立しよう**と考える方もいます。

個人事業主は0円でできますが、法人として会社を設立するには、30万円程度の費用がかかります。ですから、スタートしやすいのは個人事業主です。しかし、法人になると事業の信用が高まります。**取引先を法人に限定している企業**とも事業ができますし、**金融機関の融資**を受けやすくなります。

法人化すると**節税できる可能性**もあります。個人事業主の所得税の税率は5～45％（所得により異なる）ですが、法人税の税率は15～23.2％なので、課税所得が1,000万円を超えてくると、**法人のほうが数十万円、税負担が減る場合**があります。そのほか、給与や退職金・社会保険料・生命保険料・欠損金の扱いなどの点でも法人のメリットが大きくなります。

さらに、2023年10月に導入された**インボイス制度**では、登録を受けた**「課税事業者」との取引でないと消費税の控除**（仕入税額控除）**ができなくなりました。**登録していない「免税事業者」との取引は今後減る可能性があります。課税事業者の登録も法人化も手間は大差ないので、今後は法人が優勢になるでしょう。

個人と法人、どっちが有利？

● かかる税金（税率）

所得1,000万円を超えると法人が有利の可能性

最大45%
（所得税）

＞

最大23.2%
（法人税）

● 経費

法人のほうが経費の範囲が広い

事業にかかる費用

＜

事業にかかる費用＋
給与・退職金など

● 赤字の繰越

法人のほうが長く繰り越せる

3年
（青色申告）

＜

10年

● 生命保険

法人のほうが経費にできる金額が多い場合もある

所得控除
（年12万円まで）

＜

半額から全額を
経費にできる場合も

● インボイスの交付の有無で納税額に差

インボイスの登録も
法人化も手間は大きく変わらないので、
今後は法人にする人が増えそうです

課税事業者（インボイス登録済）の場合

売り手 課税事業者　インボイス　買い手 会社

仕入税額控除 ○
仕入れにかかる消費税を
控除できる

免税事業者（インボイス未登録）の場合

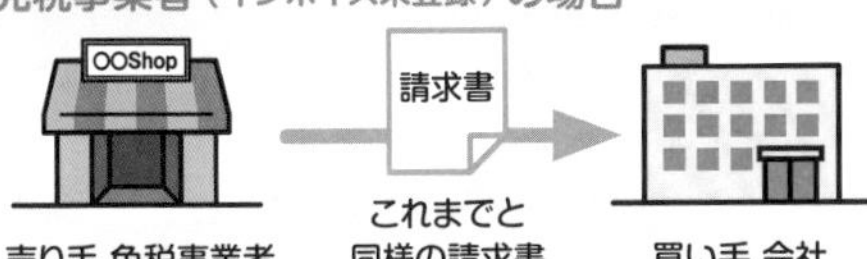

売り手 免税事業者　これまでと同様の請求書　買い手 会社

仕入税額控除 ×
仕入れにかかる消費税を
控除できない

➡免税事業者との取引をしない会社が
出てくる可能性（＝免税事業者の仕事が減る）

10秒チェック！

個人事業主でも法人でも、P66で紹介した小規模企業共済を利用するようにしましょう。毎月お金を積み立てながら、事業廃止時の退職金や老後資金を用意できます。

備える

093 1 minute 分

2022年にはじまったマルチジョブホルダー制度ってなに？

我々の勤務の実態に合わせてくれているんですね

2022年にスタートしたマルチジョブホルダー制度は、**複数の事業所に勤務する65歳以上の労働者が雇用保険に加入できる制度**です。以前は、雇用保険に加入するには、主に働いている勤め先で「1週間の所定労働時間が20時間以上」「31日以上の雇用見込み」がある必要がありました。そのため、短時間の勤務になりがちな高齢者の場合、**雇用保険に加入したくてもできない**という状況がありました。

マルチジョブホルダー制度では、「65歳以上で、2つ以上の事業所に雇用されている」「複数の事業所での1週間の所定労働時間が合計20時間以上」「雇用見込みが31日以上」を満たしていれば、雇用保険に加入できるようになりました。

65歳以上であっても、雇用保険に加入していれば、**失業後には高年齢求職者給付金の受け取りができる**ようになります。

マルチジョブホルダー制度で雇用保険に加入する

● 4つの加入条件

マルチジョブホルダーは4つの加入条件を満たす必要がある

65歳以上

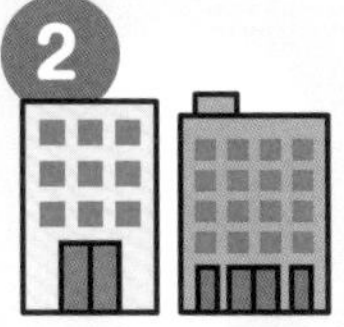

2つ以上の事業所に
雇用される

31日以上の
雇用見込みがある

1週間の所定労働
時間が20時間以上

65歳以上

事業所A
週12時間勤務

事業所B
週8時間勤務

合計週20時間
＋
事業所A・Bそれぞれ
31日間以上の雇用見込み

雇用保険に加入できる！

以前は「1つの事業所で週20時間以上」働かないと雇用保険に入れませんでしたが、マルチジョブホルダー制度では「複数の事業所で週合計20時間以上」働いていれば雇用保険に入れるようになりました

● マルチジョブホルダーは申請も簡単！

1 勤め先から必要書類を入手する

2 ハローワークに必要書類を提出して申請

3 ハローワークから届く書類を保管

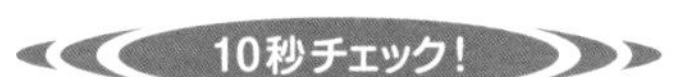

マルチジョブホルダー制度の利用手続きは上のとおりですが、労働者本人が行う必要があるので、早めに手続きをしておきましょう。

老後のお金に関するコラム

その７

定年後も働くのはあたりまえ？

P198でも紹介したとおり、定年後も働く人は多くいます。なにせ、60歳で定年しても平均的に20年から30年の余生がある時代です。人々の意識も変わってきているようです。

2023年に還暦を迎える2,000人に対するアンケート結果をまとめたPGF生命「2023年の還暦人（かんれきびと）に関する調査」によると、「還暦の実感がわかない」と答えた人は約８割にあたる77.9％。精神年齢の平均は46歳、肉体年齢の平均は54歳と認識しているそうです。また、59歳時点で就労している（していた）人に何歳まで働きたいかを尋ねたところ、こちらも約８割にあたる81.4％が65歳以上、39％が70歳以上と回答しています。60歳、還暦を迎えたといって、赤いちゃんちゃんこを着るおじいちゃん・おばあちゃんのイメージからは遠くかけ離れています。

また、内閣府「高齢社会白書」によると、仕事をしている理由のトップは「収入がほしいから」ですが、年齢が上がるに連れて「働くのは体によいから、老化を防ぐから」という回答が増加。70～74歳男性で27.7％、女性で45.8％もの人がこのように回答しているのです。実際、慶應義塾大学の岡本翔平氏のレポートによると、日本人男性のうち、60歳以降も働いている人と働いていない人の死亡・認知機能の低下・脳卒中・糖尿病の４項目（イベント）の発生までの期間は、働いている人のほうが長い（＝働くのは体に良い）としています。

定年後も働くことは、収入面だけでなく、健康の面でも生きがいの面でも大切なこと。「定年まで」「65歳まで」ではなく、できるだけ長く働くことが今後あたりまえになってくるでしょう。

第8章

1分でわかる！

老後の医療保険・介護保険の基本

働くのが当たり前となりつつある定年後に大事なのはやはり身体の健康と保険のこと。この章では、退職後の会社の健康保険の任意継続や国民健康保険の選択から、高額医療制度、介護保険制度を利用するノウハウまで、「働く老後」をバックアップするしくみについて解説します。

備える

094 1分 minute

退職後の健康保険はどうすればいい？

いままで給料からの
天引きだったから、
極端に負担が
増えたような気が……

会社を定年退職すると、会社の健康保険から脱退するので、新たに健康保険に加入しなくてはなりません。健康保険には、大きく４つの選択肢があります。そして、どれを選ぶかによって保険料の負担が変わります。

定年後、再雇用・再就職する場合には、**勤め先の健康保険に加入**します。この場合、保険料は会社と折半して支払います。また、再雇用・再就職しない場合、もっとも保険料が安く済むのは、**家族の健康保険に加入**する方法。家族に扶養してもらえるなら、保険料負担はなくなります。

これらの条件を満たさない場合は「任意継続」と「国民健康保険」のどちらかを選びます。おすすめは**「退職１年目は任意継続、２年目からは国民健康保険」**。国民健康保険の保険料は前年の所得で決まるため、１年目は保険料が高くなりがちです。一方、１年目の所得が大きく減った場合、２年目は国民健康保険を選んだほうが保険料を減らせる可能性があります。お住まいの自治体で保険料を比較して選びましょう。

定年退職後の健康保険の選択肢

①②の選択ができない場合、1年目は③任意継続、
2年目は④国民健康保険のパターンが安くなる可能性大！

● 4つの選択肢

	①再雇用・再就職先の健康保険に加入する	②家族の健康保険に入る
手続き先	再雇用・再就職した会社 （入社日から5日以内）	家族が勤めている会社 （退職日から5日以内）
加入条件	• 所定労働時間・所定労働日数が常時雇用者の4分の3以上 または • 週の所定労働時間が20時間以上 • 雇用期間が2か月超見込まれる • 賃金の月額が8万8,000円以上	• 年収180万円未満（60歳以上） • 年収130万円未満（60歳未満） かつ家族の年収の1/2未満
加入できる期間	退職まで	75歳未満
保険料の計算	標準報酬月額（40～64歳までの場合、介護保険料率が含まれる）会社と折半して負担	被扶養者の保険料負担なし

	③任意継続する	④国民健康保険に加入する
手続き先	加入していた健康保険組合、または協会けんぽ（退職日の翌日から20日以内）	お住まいの自治体 （退職日の翌日から14日以内）
加入条件	• 退職前に健康保険の被保険者期間が2か月以上あること	• 国内に住所があること ➡ 退職日の翌日から14日以内に手続き
加入できる期間	退職後2年間	75歳未満
保険料の計算	退職時の標準報酬月額（40～64歳までの場合、介護保険料率が含まれる）全額自己負担	前年の所得をもとに、自治体ごとに計算

10秒チェック！

日本は「国民皆保険」。すべての人が何らかの保険に加入します。再雇用・再就職する場合選択肢は1つですが、しない場合はなるべく保険料の安くなる方法を選びましょう。

備える

095 1分 minute

高額だから
なるべく先払いは
避けたい……

医療費が高額なときに助かる「高額療養費制度」

医療費の自己負担は原則３割ですが、**70歳からは２割、75歳からは１割**になります（所得によっては２割・３割の場合あり）。しかし、それでも病気やケガの治療が長引けば、医療費が高額になってしまう場合があります。そんなときに利用したいのが高額療養費制度。１か月（毎月１日から末日まで）の医療費の**自己負担額が上限を超えた場合**に、その超えた分を払い戻してもらえます。

自己負担額の上限は、年齢や所得の水準によって変わります。さらに、過去12か月以内に３回以上自己負担額の上限に達した場合は、４回目から自己負担額の上限が下がります（多数回該当）。

高額療養費制度は、いったん先に医療費を支払って、あとから払い戻しを受ける制度ですが、前もって健康保険に**「限度額適用認定証」を申請しておけば、自己負担分の支払いで済ませることもできます。**

また、マイナンバーカードを健康保険証として利用する**「マイナ保険証」**ならば、限度額適用認定証を申請しなくても自動的に自己負担分だけの支払いにできます。

65歳以降の健康保険制度はどうなる？

● 医療費の自己負担割合が変わる

75歳から全ての人が移行する

		70歳未満	75歳未満	75歳以上
			70歳	75歳
加入先	継続雇用	会社の健康保険	会社の健康保険	後期高齢者医療制度
	年金生活	（多くは）国民健康保険	（多くは）国民健康保険	
医療費の自己負担		3割	2割（所得によって3割）	1割（所得によって2割、3割）
保険料		加入している健康保険による		都道府県により異なる

医療費が一定で済むので安心ですね

● 高額療養費制度の自己負担限度額（70歳以上）

適用区分		外来（個人ごと）	ひと月の上限額（世帯ごと）
現役並み	• 年収約1,160万円～ • 標報83万円以上／課税所得690万円以上	252,600円（医療費－842,000）×1% （多数回該当 140,100円）	
	• 年収約770～1,160万円 • 標報53万円以上／課税所得380万円以上	167,400円（医療費－558,000）×1% （多数回該当 93,000円）	
	• 年収約370～770万円 • 標報28万円以上／課税所得145万円以上	80,100円（医療費－267,000）×1% （多数回該当 44,400円）	
一般	• 年収約156～370万円 • 標報26万円以下 • 税所得145万円未満等	18,000円 （年14万4,000円）	57,600円 （多数回該当44,400円）
住民税非課税等	Ⅱ 住民税非課税世帯	8,000円	24,600円
	Ⅰ 住民税非課税世帯（年金収入80万円以下など）		15,000円

（出典：厚生労働省保健局「高額療養費制度を利用される皆さまへ」より作成）

高額療養費制度は心強い制度ですが、入院中の食事代・差額ベッド代（希望して個室や少人数部屋に入院したときの費用）・先進医療の医療費は対象外となっています。

備える

096 1分 minute

介護保険サービスの受け方はどうすればいい？

いよいよ介護の声が聞こえる年齢になってきたなぁ

65歳になると介護保険の第1号被保険者となり、各種介護サービスの対象となります。実際にサービスを受けるときには、お住まいの市区町村の介護保険の窓口に**「要介護認定」の申請**を行います。要介護認定では、担当者が介護を受ける本人を調査し、状態を確認します。また主治医などによる意見書（主治医意見書）も作成します。

要介護認定の結果と主治医意見書の内容をもとに、要介護度の判定が行われます。そして、**要支援1・2、要介護1～5の7段階の要介護度が認定**されます（非該当の場合もあります）。

要介護度が認定されたら、介護サービスを受けるための介護サービス計画書（ケアプラン）を作成します。要介護1以上の場合は**居宅介護支援事業者（ケアプラン作成事業者）**、要支援1・2の場合は**地域包括支援センター**に相談・依頼して作ってもらいます。そして、ケアプランに基づいて介護サービスが実施されます。

介護サービス利用までの流れ

● 介護サービスの流れ

原則30日以内（①〜④）

①要介護認定の申請

市区町村の窓口に申請
介護保険被保険者証（40～64歳までの場合は医療保険証）が必要

②要介護度の調査・主治医意見書の作成

市区町村の調査員が自宅などを訪問して認定調査
主治医などが主治医意見書を作成（市区町村が依頼・作成無料）

③要介護度の判定・審査

調査・主治医意見書をもとに要介護度が判定される
コンピューターによる全国一律の「一次判定」と
介護認定審査会による二次判定が行われる

身体の状態が変わった場合は、要介護認定の変更の申請もできます

④要介護度の決定

要支援1・2、要介護1～5の7段階+非該当の結果が通知

⑤介護サービス計画書（ケアプラン）の作成

どんなサービスを利用するかをまとめた介護サービス計画書を作成
要介護1以上：居宅介護支援事業者（ケアプラン作成事業者）
要支援1・2：地域包括支援センターで作成

⑥介護サービスの開始

介護サービス計画書に基づいて
介護サービスが実施される

10秒チェック！

介護保険では、要介護度・要支援度によって受けられるサービスが決まっています。次項でも紹介しますが、要介護度が高いほど補助される金額が増えます。

備える

097 1分 minute

そもそも介護保険ってどういう制度なの？

介護費用もどんどん上がるから大変だわ！

日本では**40歳になると介護保険に加入**し、介護保険料を負担します。介護保険による介護サービスを利用できるのは特定の場合を除き65歳からで、前項のとおり要介護認定を受けて介護サービスを受けます。

介護サービスの利用限度額は、要介護度に応じて決められます。**要介護度が高いほど、利用限度額も高額**になります。また、利用者の所得によって自己負担の割合が変わります。通常は1割負担ですが、所得が多い人は2割、3割負担となります。

利用限度額を超えてサービスを受けることもできますが、**全額自己負担**になります。しかし、1か月の自己負担額が一定の上限額を超えた場合には**「高額介護サービス費」**（→P232）によってその超えた分が戻ってきます。高額療養費制度の介護費用版ともいえる制度で、介護費用の負担を抑えるのに役立ちます。

介護保険の被保険者と給付限度額・自己負担額

● 介護保険の第１号被保険者と第２号被保険者

	第1号被保険者	第2号被保険者
年齢	65歳以上	40歳から64歳まで
給付の対象	要介護・要支援となった人	要介護・要支援になった原因が「老化が原因の病気（特定疾病）」の人
保険料	・市区町村ごとに決定 ・所得により異なる	加入している医療保険により決定
保険料の支払い方法	・年金額が年18万円以上の人は年金から天引き（特別徴収） ・年18万円未満の人は納付書で納付（普通徴収）	・会社員・公務員は給与天引き ・フリーランス・自営業は国民健康保険に上乗せ

老化が原因かどうかがポイント

● 介護度ごとの給付限度額と自己負担額

介護度	給付限度額	自己負担額		
		1割	2割	3割
要支援1	50,320円	5,032円	10,064円	15,096円
要支援2	105,310円	10,531円	21,062円	31,593円
要介護1	167,650円	16,765円	33,530円	50,295円
要介護2	197,050円	19,705円	39,410円	59,115円
要介護3	270,480円	27,048円	54,096円	81,144円
要介護4	309,380円	30,938円	61,876円	92,814円
要介護5	362,170円	36,217円	72,434円	108,651円

※自己負担額は基本的に１割だが、一定以上の所得がある場合は２割・３割

10秒チェック！

介護保険料は3年ごとの見直しで増額傾向にあります。制度開始当初（2000年度）の平均は月額2,911円でしたが、2021～2023年度の平均は月額6,014円になっています。

振り返りポイント

備える

098 1分 minute

高額医療・高額介護合算制度と世帯分離

私の医療費と
妻の介護費が
合算できるのは
お得です

医療費は高額療養費制度、介護費は高額介護サービス費制度によって、1か月の負担を一定額に抑えることができます。しかし、それも長期間に及ぶと、家計の負担が大きくなってしまいます。そこで「**高額医療・高額介護合算制度**」を利用すると、同一世帯で毎年8月1日～翌年7月31日までの1年間にかかった医療費・介護費の自己負担額の合計額（自己負担限度額）が上限を超えた場合、その超えた金額を受け取れます。

高額医療・高額介護合算制度の自己負担限度額は、世帯の年齢や所得によって異なります。年間の医療費・介護費を計算して、制度が利用できるか確認しましょう。

また、介護サービスを受ける親を**世帯分離（同居している家族が住民税の世帯を分けること）すると、介護費用が削減できる場合も**。介護サービスを受ける親を世帯分離すれば、世帯としての所得が大きく減るため、高額介護サービス費の自己負担を大きく減らせる、というわけです。もちろん、世帯分離しても引き続き同居していて問題ありません。高所得者の方こそ、世帯分離を検討してみてもいいでしょう。

高額医療・高額介護合算制度と世帯分離

● 高額医療・高額介護合算制度の自己負担限度額

区分	70歳以上の世帯	70歳未満の世帯
年収1,160万円以上	212万円	212万円
年収約770～1,160万円	141万円	141万円
年収約370～770万円	67万円	67万円
年収370万円以下	56万円	60万円
住民税非課税世帯	31万円	34万円
住民税非課税世帯で年金収入80万円以下など、一定基準に満たない方	19万円	

● 高額介護サービス費の負担限度額

区分	負担の上限額（月額）
課税所得690万円（年収約1,160万円）以上	14万100円（世帯）
課税所得380万円（年収約770万円）～課税所得690万円（年収約1,160万円）未満	9万3,000円（世帯）
住民課税～課税所得380万円（年収約770万円）未満	4万4,400円（世帯）
世帯全員が住民非課税	2万4,600円（世帯）
前年の公的年金等収入額金額＋その他の合計所得金額の合計が80万円以下	2万4,600円（世帯） 1万5,000円（個人）
生活保護を受給している方	1万5,000円（世帯）

● 介護費の自己負担額を減らせる世帯分離

同居家族

住民税が課税されている子

介護サービスを受けている親（住民税非課税）

高額介護サービス費の負担限度額は

月額4万4,400円

世帯分離

介護サービスを受けている親（住民税非課税）

住民税が課税されている子

世帯全員が住民税非課税になるので、負担限度額は

月額2万4,600円

親の前年度の年収が80万以下なら

月額1万5,000円に！

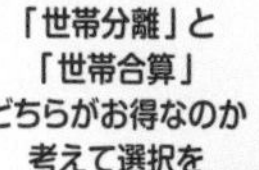
「世帯分離」と
「世帯合算」
どちらがお得なのか
考えて選択を

10秒チェック！

世帯分離すると高額療養費制度や高額介護サービス費の「世帯合算」はできなくなります。特に、2人以上介護している場合は損になる場合もあるので、事前に確認しておきましょう。

振り返りポイント

備える

099 1分 minute

民間の介護保険には入ったほうがいい？

公的な介護保険とは別に、**保険会社が扱う民間の介護保険**もあります。民間の介護保険では、病気になったり、介護が必要になったりした際に保険金が受け取れます。公的な介護保険と違って、**給付額も自分で設定**できます。ですから、民間の介護保険に加入しておけば、万が一のときの経済的な備えとして安心と思われる方もいるかもしれません。

しかし、ここまで紹介してきたとおり、**公的な医療保険や介護保険は充実しています**。医療・介護が必要になったとき、確かにお金はかかりますが、高額療養費制度や高額介護サービス費によって一度に支払う金額には上限があります。普段の貯蓄があれば十分にまかなえるでしょう。

また、民間の介護保険の場合、たとえば「基本的に要介護2以上で保険金が受け取れる」とあっても、**保険会社独自の基準を満たさない場合には保険金が受け取れない場合**があります。これでは、意味がありません。民間の介護保険に入ることはあまりおすすめしません。

民間の介護保険は必要？

● 民間の介護保険のデメリット

保険料がかかる・高くなりやすい

公的な介護保険の保険料とは別に、民間の介護保険の保険料も支払う必要があります。保険料は契約により異なりますが、月数千円から数万円になる場合も。収入が減る中、経済的な負担が増えてしまいます。

民間
保険

要介護認定を受けても保険金がもらえない場合も

公的な介護保険で要介護認定を受けても、民間の介護保険では各社の要件を満たさなければ保険金がもらえません。介護でお金が必要なのにお金がもらえないのでは本末転倒です。

民間
保険
えーっ

● 公的制度が充実している

- 公的な医療保険、介護保険
- 高額療養費制度
- 高額介護サービス費
- 高額医療・高額介護合算制度

公的制度のフル活用を前提に、
預貯金である程度備えておけば十分！

10秒チェック！

もしものときのお金は「必ず保険でまかなわなければならないもの」ではありません。預貯金でお金を貯めておきましょう。

振り返り
ポイント

備える

100 1分 minute

保険の見直し方はどうすればいい？

保険は都度見直すのが大切なんですね！

保険は、**もしものときにお金で困ることに備える**ためのものです。たとえば、結婚して家族を養い、子どもが生まれたときに亡くなってしまうと、家族は生活に困ってしまうでしょう。右の5ステップをもとに必要な保障を考えて、保険に加入や見直しを行います。

しかし、高齢になり子どもが巣立ったにもかかわらず、これまで保険を見直したことがない場合、**将来の貯蓄に回せたはずのお金を、毎月高額な保険料支払いに費やしていたこと**を意味します。公的な医療保険や介護保険、高額療養費制度などの制度が充実していますので、過度に保険で備える必要はありません。

保険にたくさん加入している状況であれば、**内容を見直して最低限の保障に絞り込みましょう**。主契約の保障額を減らしたり、特約をやめたりすることで、保険料を減らすことができます。また、各都道府県の共済は掛金が安いので、乗り換えることを検討してもよいでしょう。不要な保険は解約して、その分の保険料を貯蓄や投資に回しましょう。

保険の見直しのポイント

● 保険の加入・見直し5ステップ

❶ 今必要な（ないと困る）保険の内容を考える

↓

❷ いつまで必要かを考える

↓

❸ いくら必要かを考える

↓

❹ 現在加入中の保険の内容を確認

↓

❺ 保障内容の過不足を調整する

今加入している保険で
①〜③がカバーできるのかを
見比べて検討する

保障が多い場合は解約。
逆に保障が不足していたら
新たに加入する

● 保険解約の注意点

❶ 健康状態や年齢によって同条件の保険に入れないことがある

❷ 主契約を解約すると、これまでの保障（特約）がなくなる

❸ 中途解約をすると、解約返戻金の元本割れが発生することが多い

解約返戻金あり（中途解約の場合元本割れ）
・終身保険　・学資保険
・養老保険　・個人年金保険 など

解約返戻金なし（あってもごくわずか）
・医療保険　・定期保険
・がん保険　・収入保障保険 など

❹ 外貨建て保険は解約時の為替レートによって損失が出る可能性がある

10秒チェック！

解約に際して「せっかくこれまで払ってきたのに」と思うかもしれません。過去は保険が守ってくれたのだと割り切り、将来にわたって必要かどうか、保険を精査することが大切です。

著者紹介

● X（旧Twitter）→ @yorifujitaiki

頼藤 太希（よりふじ たいき）

株式会社Money&You代表取締役。中央大学商学部客員講師。早稲田大学オープンカレッジ講師。慶應義塾大学経済学部卒業後、アメリカンファミリー生命保険会社にて資産運用リスク管理業務に6年間従事。2015年に現会社を創業し現職へ。『定年後ずっと困らないお金の話』（大和書房）、『マンガと図解 はじめての資産運用』（宝島社）など著書累計130万部超。日本証券アナリスト協会検定会員。ファイナンシャルプランナー（AFP）。

● X（旧Twitter）→ @takayamakazue

高山 一恵（たかやま かずえ）

株式会社Money&You取締役。慶應義塾大学文学部卒業。2005年に女性向けFPオフィス、株式会社エフピーウーマンを創業、10年間取締役を務め退任後、現職へ。講演活動、執筆活動、相談業務を行い、女性の人生に不可欠なお金の知識を伝えている。『11歳から親子で考えるお金の教科書』（日経BP）、『はじめてのNISA&iDeCo』（成美堂出版）など著書累計130万部超。ファイナンシャルプランナー（CFP）。1級FP技能士。

お金の情報発信中!!

- Mocha:fpcafe.jp/mocha
- YouTubeチャンネル『Money&YouTV』
- Podcast番組『マネラジ。』
- Voicy『1日5分でお金持ちラジオ』

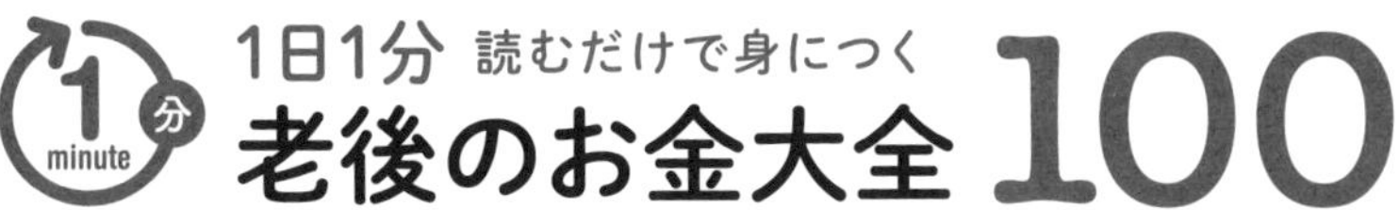

2024年1月10日　初版第1刷発行

著者　頼藤太希・高山一恵

執筆協力　畠山 憲一（株式会社Money&You）

編集協力　板倉 義和

装丁・DTP　テラカワ アキヒロ（Design Office TERRA）

イラスト　和全（Studio Wazen）

編集　三田 智朗

発行者　石井 悟

発行所　株式会社 自由国民社
〒171-0033 東京都豊島区高田3-10-11
営業部／TEL：03-6233-0781
編集部／TEL：03-6233-0786

印刷所　大日本印刷株式会社

製本所　新風製本株式会社

●投資は最新の情報を確認し、ご自身の判断で行ってください。
●本書を利用したことによるいかなる損害などについても、著者および出版社はその責を負いません。
●本書の内容に関しては万全を期すよう注意を払いましたが、誤り・脱落等がありましても、
その責任は負いかねますのでご了承ください。
●本書の内容は特に記載のないものは、2023年11月末時点のものであり、予告なく変更される場合もあります。